Illustrierte Jagdbibliothek

Rehwild

LEBENSRÄUME – SCHUTZ – BEJAGUNG

Illustrierte Jagdbibliothek

Rehwild

LEBENSRÄUME – SCHUTZ – BEJAGUNG

Gilbert Valet

in Zusammenarbeit mit

Pascal Durantel und

Hubert Koch

KÖNEMANN

Originaltitel: La Chasse du Chevreuil. Le guide complet

Übersetzung aus dem Französischen: Dorit Schäffler für
Bernd Weiß Fachübersetzungen, Hamburg
Fachlektorat: Erich Marek, Schwenningen
Redaktion und Satz: Daniela Kumor, Köln

Projektkoordination: Dorit Esser
Herstellung: Ursula Schümer

Druck und Bindung: Grafedit, Azzano, Italy
Printed in Italy
ISBN 3-8290-5667-2

10 9 8 7 6 5 4 3 2 1

Inhalt

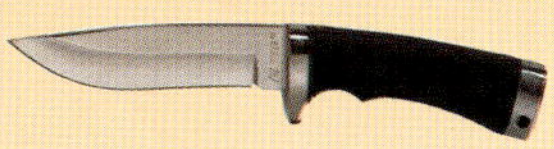

Vorwort

In prähistorischer Zeit wurde das Reh nur wenig oder gar nicht bejagt. Ganz im Gegensatz zu Hirsch, Rentier oder Auerochse ist es nur selten als Motiv von Höhlenmalereien zu finden.

Heute wird das Reh als Jagdwild sehr geschätzt. Ob verehrt oder verachtet, kaum einen Jäger lässt das Reh, das in ganz Deutschland zu Hause ist, gleichgültig. Der passionierte, anspruchsvolle und beherzte Jäger ist stets auf der Suche nach einer außergewöhnlichen Trophäe. Er ist dabei auf die strenge Hege des Bestandes und auf eine gut durchdachte Jagd im Einklang mit der Natur bedacht.

Ob man es nun als die Kleinste unter den Hochwildarten oder die Größte unter den Niederwildarten ansieht, von allen Seiten wird dem Reh stete Aufmerksamkeit zuteil. Zweifelsohne hat es sich zu einem bedeutenden Jagdwild entwickelt, das aus der Fauna nicht mehr wegzudenken ist und Aufmerksamkeit verlangt.

Manchen Tierfreunden gilt es in seiner Anmut sogar als Symbol einer intakten Natur. Das niedliche Bambi, das in Kindertagen die Herzen höher schlagen ließ, ist noch immer auf Spaziergängen zu beobachten und ruft bei uns zuweilen die gleichen irrationalen Gefühle der Kindheit hervor.

Angesichts der Entwicklung in unseren Jagdgebieten und der Verringerung von Agrarflächen findet das Reh zunehmend neue Lebensräume. Es macht sie sich rasch nutzbar und siedelt sich schnell an. Die allgemeine Einführung von Abschussplänen hat darüber hinaus ihren Teil zur Ansiedlung und zum Gedeihen des Rehwildes beigetragen. Doch trotz der etablierten Abschusspläne nimmt die Zahl der Rehbestände mangels vernünftiger und notwendiger Bestandskontrolle stetig zu, was nicht zu verleugnende negative Konsequenzen hat.

Sicher wäre es sinnvoll, wenn statt einer zu emotionalen Bewertung des Rehs ein aufrichtiges Verständnis für diese Wildart entstünde, dessen Bestand als solcher zu hegen und zu bejagen ist.

Rehwild-Experten werden in diesem Buch möglicherweise nicht viel Neues erfahren, aber der Autor besitzt dennoch die Hoffnung, dass sie es zu Ende lesen werden, sei es auch nur, um konstruktive Kritik zu üben. Naturfreunde und Jäger, die ihre Schwerpunkte bisher auf andere Wildarten gelegt haben, werden in diesem Buch viele Informationen über Biologie, Verhaltensweisen und Bejagungsarten des Rehs finden, auch über die deutschen Grenzen hinaus.

DER LEBENSRAUM DES REHS

Da sich das Reh – eigentlich ein Waldbewohner – mit erstaunlicher Schnelligkeit an die verschiedensten Lebensräume anpassen konnte, besiedelt es heute ebenso den mediterranen Raum wie Berge und Ebenen, in denen es oft in Sprüngen zusammenlebt. Diesen kleinsten Vertreter der Hirsche (Cerviden) findet man auch in den Heckenlandschaften Westeuropas, die ihm ausreichend Schutz bieten. Durch die Hege des Rehs und die Ausrottung der großen Beutegreifer wie Wolf und Luchs nimmt der Bestand stetig zu. In den skandinavischen Ländern dringt das Reh immer weiter nach Norden vor. Rehe kommen mit Schnee und Kälte besser zurecht als mit sehr hohen Temperaturen. In den Hohen Tauern leben sie teilweise selbst im Hochwinter in den baumfreien Lagen.

Die Heckenlandschaft

Die Entwicklung der Wildfauna hängt im Allgemeinen stark von dem sie umgebenden Milieu ab. Die sozialen und räumlichen Verhaltensweisen des so genannten Feldrehs unterscheiden sich erheblich von einem Reh, das in einem Laubwald oder Nadelwald zu Hause ist. Umgekehrt beeinflussen diese Tiere ihre Umgebung in unterschiedlichem Maße. In einem ausgeprägten Agrarsystem mag dieser Einfluss nicht so deutlich erkennbar sein, in einer Waldzone, die eine längere Regenerationszeit benötigt, hingegen schon. Die Begriffe Biotop und Ökosystem müssen daher in diesem Kontext berücksichtigt werden, um die Funktionsweise einer Rehpopulation zu verstehen.

Das Wort Biotop setzt sich aus dem griechischen *bio* für Leben und *topos* für Ort zusammen. Es definiert den Ort, an dem eine bestimmte Tierart lebt. Faktoren wie Licht, Wasser, Temperaturschwankungen, Bodenerhebungen und Vegeta-

Sichernde Geiß

tion tragen zu einer mehr oder weniger genauen Bestimmung und Charakterisierung eines Biotops bei, abhängig von den Bedürfnissen und Verhaltensweisen, die von einer Tierart, zum Beispiel dem Reh, bekannt ist. Naturereignisse können ein Biotop stören und sogar erheblich aus dem Gleichgewicht bringen. Feuersbrünste, Überschwemmungen und andere Naturkatastrophen hat es schon immer gegeben, aber heutzutage hat sicherlich der Mensch den größten positiven wie negativen Einfluss auf seine natürliche Umgebung.

Für das Reh bietet der Rückgang der Landwirtschaft zugunsten einer allmählichen Erwei-

Das Reh besiedelt fast alle Biotopformen, darunter auch Heckenlandschaften, die ihm ausreichenden Schutz bieten.

Die Heckenlandschaft

In den ersten Lebenswochen fallen die in den Wiesen gut getarnten Bockkitze häufig Erntemaschinen (Mähdreschern) zum Opfer.

terung des Naturraums, insbesondere im ansteigenden Hügelland oder im Mittelgebirge, einen zusätzlichen Anreiz für seine Ansiedlung.

Dank seiner Verhaltensstruktur und seiner Bedürfnisse kann sich diese Wildart fast überall ansiedeln. Der Niedergang der Landwirtschaft ist sicherlich die Folge einer Überalterung der Bevölkerung, wird aber außerdem von wirtschaftlichen und politischen Faktoren beschleunigt bzw. verlangsamt. Als direkte Konsequenz ist die Aufgabe ehemals kultivierter Parzellen zu Gunsten von Brachfeldern und Strauchschichten zu nennen, die sich das Reh schnell zu Nutze macht.

Für viele Arten, wie etwa Hirsch, Wildschwein oder Reh, ist der Wald mehr Zwang als Notwendigkeit. Rehe werden seit Urzeiten bejagt und mussten sich zur ihrer Sicherheit und Verteidigung in abgelegenere Lebensräume flüchten, die besser Schutz gegen Beutegreifer und freilich auch gegen Jäger boten. Um jedoch zu erkennen, dass der Wald für Rehe sehr wohl entbehrlich ist, braucht man lediglich einen Blick auf den Hirsch des schottischen Hochlandes, der fast ausschließlich auf Heideland lebt, und natürlich auf das Feldreh zu werfen. Dem Wildschwein in der französischen Camargue, um eine andere Wildart zu nennen, bieten lediglich Tamarisken und niedrigwüchsige Pflanzen Schutz.

In der Tat besiedelt das Reh zahlreiche Vegetationsformen und Landschaften. Aus dieser Fähigkeit, sich an sehr unterschiedliche Lebensräume anzupassen, entwickelten sich auch besondere Verhaltensmuster. Selbstverständlich blieb der grundlegende Lebensrhythmus dabei unverändert, das Reh passte jedoch sein Verhalten an das jeweilige Biotop an. Studien über Rehe liefern für die Hege zwar keine vollständigen, dafür aber hilfreiche Informationen. Häufig stellen sie die Eingriffe in die Natur, den Schutz vor Beutegreifern, die Fortpflanzung und die Aufzucht der Kitze in den Vordergrund.

Das Reh gehört zu den Konzentrat-Selektierern, d. h. es weidet nicht einfach Grünflächen ab, sondern sucht sich gezielt einzelne besonders nährstoffreiche Blätter, Knospen, Gräser und Kräuter. Das ermöglicht ihm auch, sich in einer zerklüfteten Landschaft anzusiedeln, in der Wald, Sträucher, Hecken und kultivierte Parzellen ein abwechslungsreiches Mosaik bilden. Hier wird es das ganze Jahr über ein reichhaltiges Nahrungsangebot finden. Für ein so kleinwüchsiges Tier wie das Reh ist die Nähe zur Nahrungsquelle weitaus wichtiger als die Menge. Es genügt nicht, dass das Angebot groß ist, es muss zugänglich sein. Heckenlandschaften eignen sich daher sehr gut, weil auf kleiner Fläche eine große und leicht verwertbare Äsungsvielfalt zur Verfügung steht. Da das Reh ein typischer Waldrandbewohner ist, erklärt es eine Heckenlandschaft schnell zu seinem Revier. Ein Rehbock wird eine Hecke als Einstand annehmen und diese als sein Territorium verteidigen. Darüber hinaus bieten Heckenlandschaften zahlreiche Rückzugsmöglichkeiten, die dem Reh die notwendige Sicherheit und Ruhe garantieren.

Der Wald

Je nach forstwirtschaftlicher Nutzung unterliegt das Äsungsangebot im Wald hohen jahreszeitlichen Schwankungen. Aus den gleichen Gründen, die im vorhergehenden Kapitel bereits genannt wurden, ist die Nahrung zum Teil schwieriger zugänglich. Oberhalb der Dickung bieten die Holzpflanzen nichts Essbares mehr, denn die grünen Triebe sind außer Reichweite der Rehe. Im Winter verringert sich das Äsungsangebot beachtlich. Süßgräser sind verschwunden, Zwiebelpflanzen ragen nicht mehr hervor, und die Bäume haben ihre Blätter abgeworfen. Zu diesem Quantitätsmangel kommt nun auch ein Qualitätsrückgang in Bezug auf den Nährwert (Mangel an Proteinen) und eine schwerere Verdaulichkeit.

In Anbetracht der Verhaltensweise und der Nahrungsvorlieben der Rehe ist ein durchbrochener Laubwald mit einem Maximum an Sonneneinstrahlung ihr idealer Lebensraum. Die kleinen nutzbar gemachten Niederwaldparzellen liefern, abgesehen von den leicht zugänglichen Trieben (Schösslingen), eine gute Äsungsfläche. Alte Nieder- oder Hochwälder sind weniger

Zwei sichernde Geißen

lichtdurchlässig, daher verringert und verändert sich der Bestand an verfügbaren Nahrungsquellen. Efeu wird das ganze Jahr über zu einer wichtigen und geschätzten Äsungspflanze, vor allem im Winter, wenn andere Arten fehlen. Dennoch sollte daraus nicht gefolgert werden, dass Rehe Nadelholzpflanzungen grundsätzlich meiden. Ganz gewiss nicht, sie bieten den Tieren nicht nur notwendigen Schutz, sondern, vor allem in den ersten Jahren, auch reiche und abwechslungsreiche Nahrung. Solange die Sonnenstrahlen das Blätterdach durchdringen wachsen hier Brombeersträucher, Faulbäume und Geißblattgewächse sehr gut und bilden wahre Leckerbissen für Rehe. In manchen Regionen grenzen die sich ausweitenden Maiskulturen oft an bewaldete Parzellen und bieten Rehen einen sehr günstigen Lebensraum, was die teilweise sehr hohe Bestandsdichte belegt. Kurzum, je abwechslungsreicher der Baumbestand ist, um so besser sind die Ansiedlungsmöglichkeiten für Rehe.

Wie bereits dargestellt wurde, ist die Nahrungsquantität nicht das einzige Kriterium für ein geeignetes Biotop. Auch der Schutzwert in einem Laubwald, der sich mit den Jahreszeiten verändert, spielt eine wichtige Rolle. Dickungen bieten stets besseren Schutz als Altbestände. Im Mittelwald oder im gepflegten Hochwald verringert im Herbst und Winter die Austrocknung von Krautschicht und Farnkräutern den Schutzwert der Parzelle erheblich. Das von Rehen besiedelte Gebiet bietet folglich nicht das ganze Jahr über den gleichen Schutz, was deren Verhaltensweise stark beeinflusst.

Im Sommer und Frühling leben Rehe in der Regel als Einzelgänger und finden im Wald ausreichenden Schutz. Ein einzelnes Tier kann sich bekanntermaßen leichter verstecken als ein ganzer Sprung. Im Winter dagegen sind die Parzellen mit dem größten Äsungsangebot nicht unbedingt die sichersten. Die Rehe bilden dann eher kleine Sprünge und gehen auf diese Weise einen Kompromiss ein zwischen der Notwendigkeit, Äsung aufzunehmen und sich durch vermehrte Wachsamkeit vor möglichen Feinden zu schützen.

Das eher »häusliche« Reh begnügt sich mit einem recht kleinen Lebensraum. Die Fläche wird um so geringer, je geschlossener die Umgebung und je höher die Bestandsdichte ist, zumindest im Wald. Abgesehen davon kann für das Reh eine Getreide- oder Maiskultur im Sommer »geschlossen« und damit durchaus akzeptabel und sicher sein. Im Wald reichen 50 bis 100 Hektar für drei bis fünf Rehe aus, während auf der gleichen Fläche in einer offenen Landschaft zwei- bis dreimal so viele Rehe leben. Abwechslungsreiche und heterogene Vegetation begünstigen die Rehbesiedlung.

Durch das Fegen des Geweihs an jungen Bäumen und an Sträuchern richten Rehböcke oft große Schäden an.

Linke Seite: Diese Geiß sucht vor dem Setzen Schutz im Dickicht.

Die Berge

In den Bergen besiedelt das Reh die Waldzone, im Frühling und Sommer auch hochgelegene Almen. Allein die Höhe der Schneedecke könnte die Ausbreitung seines Lebensraumes begrenzen. Einzelne, aber verlässliche Beobachtungen haben jedoch gezeigt, dass sich Rehe in verschneiter Umgebung gut zurecht finden – unter der Voraussetzung, dass die Schneedecke nicht zu dick, d. h. maximal 30 bis 40 Zentimeter hoch ist.

Zweifelsohne spielen die jahreszeitlichen Wechsel in den Bergen eine größere Rolle als in flacheren Gefilden. In Hügellandschaften findet sich auch im Winter ein ausreichendes

Rehe leben häufig in Hügellandschaften.

Nahrungsangebot. Mit steigenden Temperaturen folgen die Rehe der Vegetationsentwicklung und profitieren von der außerordentlich reichen Flora. Seit einigen Jahren sind auf den Sommerweiden zusammen mit den stark anwachsenden Rehpopulationen auch Gämsen zu beobachten. Mit dem ersten Schnee steigen die Rehe wieder ab und besiedeln vorzugsweise bewaldete Gebiete. Hier und da können kleine Sprünge vor allem in Nadelholzpflanzungen (Lärchen, Douglasien) Verbiss- oder Fegeschäden verursachen.

Der Mittelmeerraum

Aus Frankreich stammen jüngste Erkenntnisse über die Wiederansiedlung des Rehs im Mittelmeerraum und belegen die besondere Anpassungsfähigkeit dieser Art. Klima und Flora entsprechen hier nur entfernt den Lebensbedingungen, die bisher als unerlässlich und notwendig erachtet wurden. Auf der Insel Sainte-Lucie (Departement Aude) nehmen Rehe beispielsweise Aleppo-Kiefern, Zistrosen, Mandelbäume oder Steineichen gerne als Nahrung an. Sicher bleibt ihnen keine andere Wahl, aber die erfolgreiche Vermehrung bestätigt ihre Anpassungsfähigkeit.

Diese Beobachtung ist jedoch nicht neu. Recht alte Rehschädel fanden sich auch in Karsthöhlen der von Garrigue und Kermeseichenwäldern geprägten Region Saint-Loup im Norden von Montpellier. Die Reh-Besiedlung des Mittelmeerbogens im Verbreitungsgebiet der Steineiche nimmt rasch zu, sehr zum Verdruss mancher Wildschweinjäger.

Generell spielt das Reh in der Jagd der Mittelmeerländer eine im Vergleich zu Deutschland eher untergeordnete Rolle. Nur in Frankreich, dessen südliche Departements an das Mittelmeer grenzen, hat es eine gewisse Bedeutung.

Mediterrane Heidestrauchformationen (Garrigue) bieten dem Reh neue Lebensräume.

Offene Landschaften

Sechser mit rötlichbrauner Sommerdecke

Unfallquelle Kanal: Schutzmaßnahmen

Kanäle, die Reviere trennen, sind eine Gefahr für alle Wildarten. Wenn ein Wildtier unglücklicherweise in einen derartigen Kanal fällt oder diesen einfach durchrinnen möchte, begibt es sich in eine tödliche Falle, denn es hat keine Möglichkeit, die glatten und nassen, beinahe senkrecht abfallenden Wände zu überwinden. Jedes Jahr ertrinken auf diese Weise Dutzende von Rehen, Wildschweinen, Hasen und Füchsen, weil sie sich nicht mehr ans Ufer retten können.

Einige solcher Wildfallen sind zum Schaden des Wildes in ganz Europa anzutreffen. Besonders gefährlich ist der Rhein-Marne-Kanal mit seinen steilen Betonufern, vor allem im Staustufenbereich, und teilweise der Rhein-Main-Donau-Kanal. Die neu gebauten Kühlungskanäle der Kernreaktoren an Rhein und Donau sind erfreulicherweise schon mit der Vorausschau auf freilebende Wildtiere mit Ausstiegen in Form von Treppen versehen. Denn allzu oft wurde in der Fachpresse von Wildunfällen an Kanälen berichtet.

Vor allem für das Schwarzwild werden die Kanäle bei seinen nächtlichen Wanderungen zu tödlichen Fallen. Hier sind wildfreundliche Maßnahmen gefragt, denn ein entkräftetes und ertrinkendes Tier erleidet unvorstellbare Qualen.

Rehe, die in offener Kulturlandschaft leben, werden oft Feldrehe genannt. Die Bezeichnung Feld ist ein enggefasster Begriff, besser wäre der Ausdruck offene Landschaft. Tatsächlich findet derzeit eine Besiedlung von Lebensräumen statt, die bisher von Rehen sehr wenig genutzt wurden. Dazu gehören insbesondere ausgeprägte Agrargebiete. Die größten Sprünge der so genannten Feldrehe findet man in den weiten Agrarlandschaften Ost- und Norddeutschlands.

Die Tiere, die sich für diese Lebensweise entscheiden, schließen sich gerne zu größeren Sprüngen zusammen. Nicht selten, vor allem im Winter, sieht man 30 Rehe zusammenstehen. Es handelt sich dabei um eine Verteidigungs- und Sicherheitsstrategie, die von anderen Pflanzenfressern übernommen wurde. Je größer der Sprung ist, um so geringer gestaltet sich das Risiko, Beute eines Raubtieres zu werden. Einige Jäger haben beobachtet, dass es Rehen, selbst wenn Hunde ihnen auf der Spur sind, widerstrebt, sich in den Wald zu flüchten. Sie fühlen sich in einer ihnen vertrauten, gut bekannten Umgebung sicherer.

In offenen Landschaften sind ihre Reviere entschieden größer als in Waldgebieten. Erwachsene und fast erwachsene Böcke können ein Gebiet von weit über 100 Hektar durchstreifen. Am größten sind die Reviere im Winter, im Frühling und Sommer verkleinern sie sich stark. Das gleiche gilt für den täglichen Aktionsradius, der im Winter bei etwa 20 Hektar liegt und sich in der warmen Jahreszeit auf die Hälfte reduziert. Die Geißen begnügen sich mit kleineren Revieren. Das Ausmaß des Standortwechsels richtet sich innerhalb eines Sprungs nach den schwächsten Tieren, den Kitzen. Die Reviere der Geißen sind nicht größer als 75 Hektar, aber sie wechseln abhängig von der Jahreszeit viel öfter. Am kleinsten ist der Lebensraum von Mai bis September, wenn die Kitze von der Mutter abhängig sind.

In Agrarlandschaften besiedeln Rehe die Ackergebiete eher im Herbst und

Winter als im Frühling und Sommer. Die Nutzungsschwankungen sind an die Entwicklungen des Lebensraumes gebunden. Die Schutzmöglichkeiten in den Waldgebieten sind das ganze Jahr über wichtig, doch die Nahrungsverfügbarkeit, die im Frühjahr und Sommer steigt, geht im Herbst und Winter stark zurück. Ackergebiete bieten dagegen in der kalten Jahreszeit kaum Schutz, nur ganz kurz vor der Ernte. Die Äsungsmöglichkeiten folgen einer umgekehrten Kurve: Sie erreicht ihren höchsten Punkt im Winter und Frühling dank des leicht zugänglichen Wintergetreides mit sehr hohem Nährwert.

Rehe schätzen zwar alle Kulturpflanzen, ernähren sich aber hauptsächlich von Getreide oder Futterpflanzen (Luzernen) und hegen vor dem ersten Frost eine offensichtliche Abneigung gegen Raps. Danach nehmen sie Raps gerne als Futterpflanze. Sie äsen in Hainen und Hecken, kommen aber auch sehr gut ohne letztere aus. Die Schäden sind meist unwesentlich, es sei denn, Weinparzellen oder Gemüseanpflanzungen befinden sich in ihrer Reichweite. Das ist allerdings die Ausnahme.

Drei Rehe beim Äsen in einem Obstgarten

In offenen Landschaften äsen Rehe im Herbst und Winter bevorzugt in den Pflanzungen. Vor allem in der Winterzeit ziehen sie lieber abends und nachts als morgens oder tagsüber zur Äsung. Die hohe Frequentation von Agrarflächen im Herbst und Winter mag die Suche nach einer reichhaltigeren Nahrung beinhalten, an der es jetzt im Wald mangelt. Da in diesen Jahreszeiten ein schützendes Blätterdach völlig fehlt, suchen die Rehe diese unsichere Umgebung anscheinend erst im Schutz der Dunkelheit auf.

Leben Rehe in zu großer Zahl in einem Gebiet, richten sie durch Äsen der Keimlinge und Verbeißen der Triebe an Forstpflanzen erheblichen Schaden an. Der tägliche Nahrungsbedarf eines Rehs beträgt ungefähr vier bis fünf Kilogramm Grünäsung.

Dikotyle und Süßgräser sind eine beliebte Äsung für das Reh.

Das Reh in Europa

Die Geschichte des Rehs, zumindest so wie wir es heute kennen, muss in Europa vor etwa drei Millionen Jahren begonnen haben. Paläontologen haben in Untersuchungen von Fossilien die großen klimatischen Schwankungen zu Beginn des Quartärs nachgewiesen. Diese Schwankungen, die im Wesentlichen auf die wiederholten Eiszeiten zurückzuführen sind, hatten einen großen Einfluss auf das Verbreitungsgebiet der Rehe. Während der Kälteperioden wiesen die Landschaften Nord- und Mitteleuropas nur wenige Sträucher auf, was einen chronischen Nahrungsmangel für Pflanzenfresser wie das Reh zufolge hatte. Diese Nahrungssituation beschränkte den Lebensraum der Rehe auf das Mittelmeergebiet. Von dort aus erfolgte dann die Besiedlung Nord- und Mitteleuropas.

Heute sind Rehe in fast ganz Nord- und Osteuropa zu Hause. In Schweden und Norwegen reicht ihr Verbreitungsgebiet bis an den Polarkreis. In Dänemark existieren große Bestände, und auch in Finnland hat eine Besiedlung eingesetzt. In Deutschland und Polen sind sie überall anzutreffen, ebenso in Österreich, der Tschechischen Republik und in der Slowakei bis hin zum Balkan. In der Ukraine lebt das Reh auf den riesigen Getreideflächen, in Russland bis zum Ural.

Die Bestände des Sibirischen Rehs *(Capreolus pygargus)* besiedeln den gesamten östlichen Teil Russlands. Europäische und sibirische Populationen begegnen sich in der Region um Wolgograd. Hier kam es auch zu Hybridisierungen zwischen beiden Arten. Weiter im Osten trifft das *Capreolus pygargus* noch auf

Vorkommen des Rehs in Europa

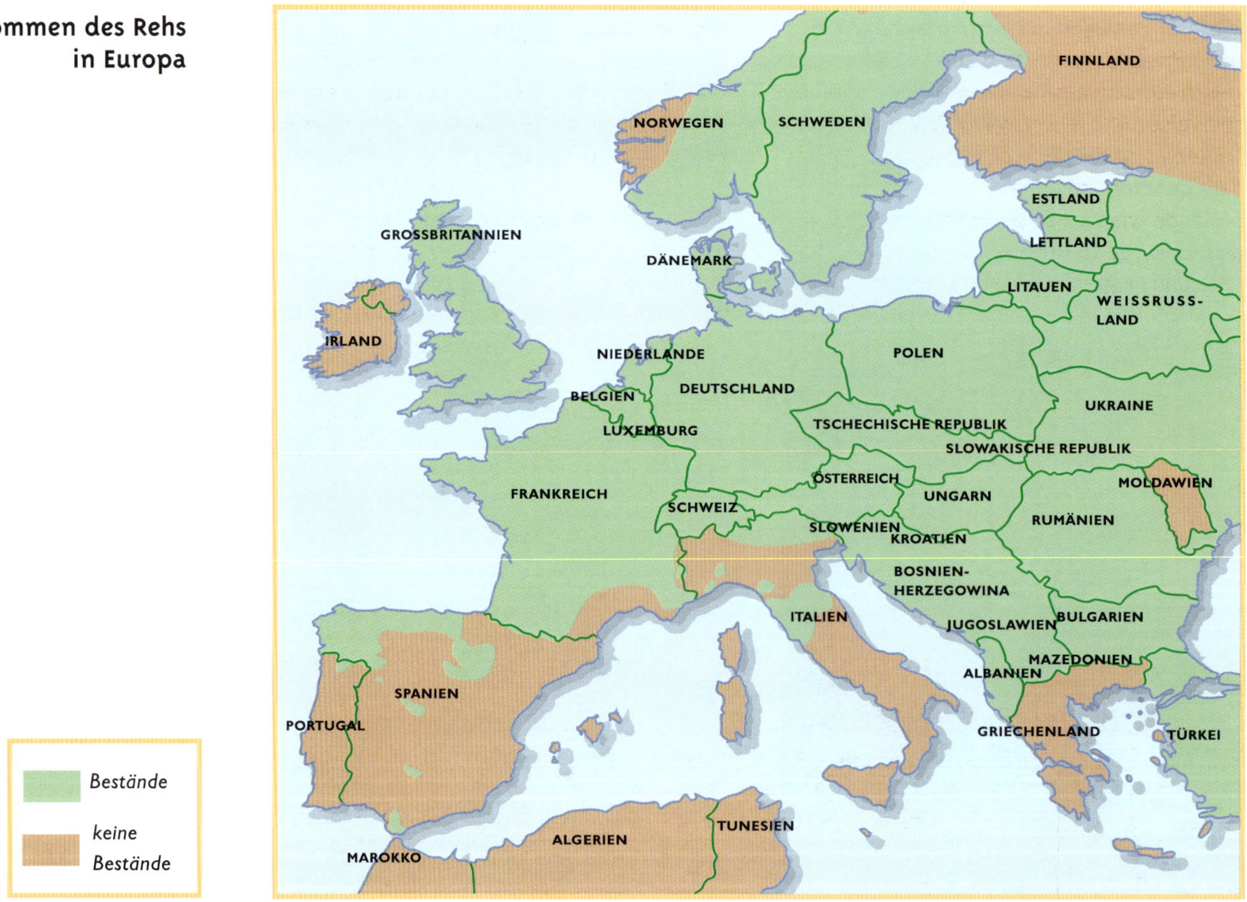

Ein flüchtiges Reh ist ein schwieriges Ziel.

eine andere eindrucksvolle Art, das China-Reh *(Capreolus pygargus tianschianicus)*.

In England, wo Rehe seit Beginn des 19. Jahrhunderts kaum noch zu finden waren, sind sie heute vor allem im Süden wieder heimisch. In Irland gibt es keine Anzeichen für eine lange Präsenz. Aus Schottland ist es nie ganz verschwunden, auch wenn die Bestandsdichte zeitweise sehr schwach war. Wahrscheinlich konnten sich die englischen Populationen auf der Grundlage dieser geringeren kleinen Rehbestände wieder besser vermehren. Sie wurden zudem durch Rehe aus Deutschland, Österreich und möglicherweise Frankreich verstärkt.

Weiter im Süden Europas sind die Bestände weitaus kleiner. In Spanien beschränkt sich das Vorkommen des Rehs auf das Kantabrische Gebirge. Einige Sprünge leben in den Bergen Zentral- und Südspaniens sowie in einem sehr kleinen Teil Nordportugals.

Weitaus unauffälliger ist das Reh in Italien und Griechenland. Je südlicher man in all diesen südeuropäischen Ländern kommt, um so höher muss man steigen, um die regenreichen Regionen zu erreichen, in denen sich Rehe aufhalten. Auf den trockenen und warmen Mittelmeerinseln treten sie überhaupt nicht in Erscheinung.

Geschätzte Anzahl der Rehbestände in verschiedenen europäischen Ländern (in Tausend)

Polen	500
Rumänien	290
Tschech. Republik/Slow. Republik	290
Jugoslawien/Bosnien-Herzegowina	350
Ungarn	220
Bulgarien	120
Deutschland	2 010
Österreich	1 000
Frankreich	1 200
Dänemark	140
Schweiz	120
Benelux-Länder	30

Im Frühjahr kommt es häufig zu Einstandskämpfen unter den Böcken.

In den offenen Ebenen Osteuropas leben die meisten Feldrehe.

WISSENSWERTES ÜBER DAS REH

Bis in die jüngste Vergangenheit dachte die Mehrheit der Jäger in erster Linie an eine möglichst hohe Jagdausbeute. Die Größe des Beutels mit dem ihnen zugeteilten Wildpretanteil war wichtiger als das Wissen um die bejagte Wildart. Im Laufe der Zeit haben sich die Dinge gravierend geändert. Heute wird sich der Jäger immer stärker bewusst, dass nur die exakte Kenntnis der Wildtierarten, ihrer Lebensbedingungen und Bedürfnisse eine sinnvolle Hege und angenehme Jagd ermöglichen. Da außerdem Wissenschaftler und Experten, häufig selbst Jäger, ihr gesamtes Wissen und Engagement der Erforschung der Tierwelt widmen, ist das Reh sicherlich die am besten erforschte Tierart unter den wildlebenden Paarhufern.

Hirsche – Allgemeines

Der größte unter unseren Cerviden ist der Rothirsch (Cervus elaphus).

Unter die Bezeichnung Hirsche fallen in Deutschland vier Gattungen: Edel- oder Rothirsch *(Cervus elaphus)*, Damhirsch *(Dama dama)*, Sikahirsch *(Cervus sika nippon)* und das Reh *(Capreolus capreolus)*. In Nordeuropa und Kanada leben Elche *(Alces alces)* und Renhirsche *(Rangifer tarandus)*.

Um eine Klassifizierung der komplexen Tierwelt zu ermöglichen, wurde seit dem 18. Jahrhundert eine binäre, pyramidenförmige Nomenklatur entwickelt, deren konsequente Anwendung wir vor allem dem schwedischen Naturforscher Carl von Linné verdanken.

Die Hirsche gehören einem Unterstamm der Wirbeltiere an. Ihre Muskulatur wird von einem Knochenskelett getragen und dieses wiederum durch eine Wirbelsäule gestützt. Da sie Warmblüter sind, die Plazentabildung intrauterin erfolgt und die Jungen gesäugt werden, zählen sie zur Klasse der Säugetiere. Das letzte Glied ihrer Gliedmaßen ist mit einer Hornhautbildung umkleidet (Schale), ein wesentliches Merkmal der Oberordnung der Huftiere. Diese wiederum teilt sich in die Unterordnungen der Perissodactyla und Artiodactyla. Erstere bewegen sich auf einer ungeraden Anzahl Zehen fort: Wichtigste Vertreter sind die Einhufer (nur eine Zehe) oder Nashörner (drei Zehen). Das Reh als paarzehiges Huftier (vier Zehen), das für die Fortbewegung nur zwei Zehen belastet, zählt zu der Ordnung der Artiodactyla.

Die Familie der Hirsche umfasst mehrere Unterfamilien, zu denen das Rot- und Damwild und letztlich auch das Trugwild (Odocoilinae) zählen, deren einziger Vertreter in Deutschland das Reh ist.

Als besonderes Merkmal schmückt ein Geweih den Kopf des männlichen Hirschtieres. Eine Ausnahme bilden die Rentiere, bei denen beide Geschlechter ein Geweih besitzen. Diese Knochenbildungen gelten als sekundäre Geschlechtsmerkmale. Sobald sie ihre endgültige Form erreicht haben, werden sie zu Werkzeugen und Waffen, mit denen sich die Böcke vor allem in der Brunftzeit gegenseitig einschüchtern oder mit ihren Rivalen messen. Für viele Jäger ist das Geweih natürlich auch eine begehrte Trophäe, die richtig präpariert das Wohnzimmer schmückt.

Der Elch besiedelt die Wälder Nordeuropas.

Das Reh und die Forschung

Dem Forscher gegenüber zeigen sich Rehe sehr kooperativ, da sie sich mühelos beobachten lassen. Sie sind leicht einzufangen, leben auf kleiner Fläche und sind recht lange ortstreu. Außerdem sind sie sehr geduldig beim Tragen von Sendehalsbändern. Wie bei vielen anderen Wildarten gibt es nur unvollständige und oft nicht repräsentative Studien. Jeder Tag bringt neue Erkenntnisse und so kann das, was die einen heute als Wahrheit betrachten, von anderen morgen schon wieder anders interpretiert werden. Zahlreiche Wissenschaftler aus der ganzen Welt haben sich mit der geheimnisvollen – obgleich dem Menschen doch so nahen – Welt des Rehs befasst. Manche fanden einfache und logische Erklärungen für das, was dem erfahrenen Jäger schon längst bekannt war. Andere wiederum haben uns ganz neue, unerwartete Aspekte entdecken lassen, die unser Verhalten und unsere Sichtweise gegenüber den Tieren veränderten sowie deren Hege beeinflussten. Das Wissen um die Wildart setzt sich wie ein Puzzle zusammen, bei dem der Jäger viele Einzelteile besitzt. Oft sind sie leider nicht richtig, wenn nicht sogar falsch zusammengefügt und das Ergebnis althergebrachter Vorstellungen, von denen man sich nur schwer lösen kann. In der Forschung ist dies weitaus seltener der Fall, denn dort ist man um klare Darstellungen bemüht. Es besteht natürlich kein Zweifel daran, dass das, was heute als anerkannt und sogar bewiesen gilt, in einiger Zeit unter Umständen wieder infrage gestellt wird. Forschung und Wissenschaft unterliegen zwar einerseits schnellen Entwicklungen, was jedoch andererseits erfreulich ist. Nichtsdestotrotz sollte man den Wundern der Natur auch demütig gegenüberstehen. In jedem Fall fehlen noch viele Teile, um das Puzzle zu vervollständigen

Die beinahe gespenstisch wirkenden Silhouetten eines Rehsprungs vor dem aufgehenden Mond

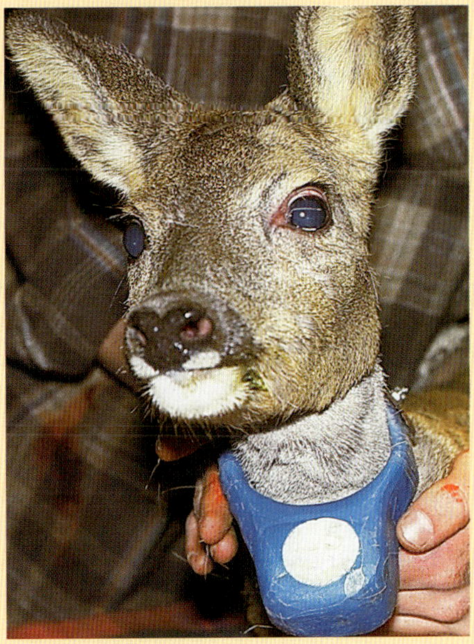

Für Forschungszwecke wird ein Reh mit einem Sendehalsband ausgestattet.

Geschichte

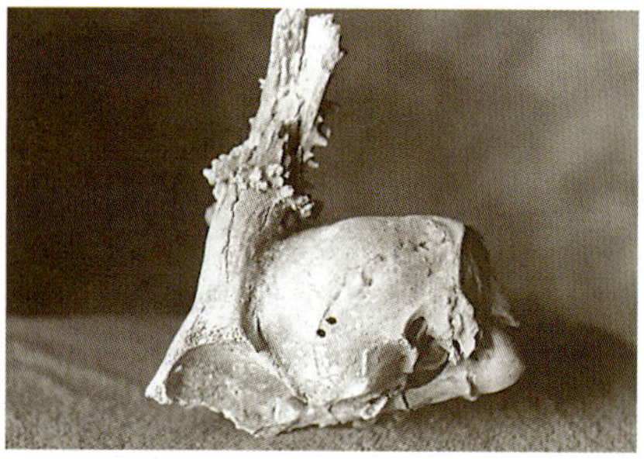

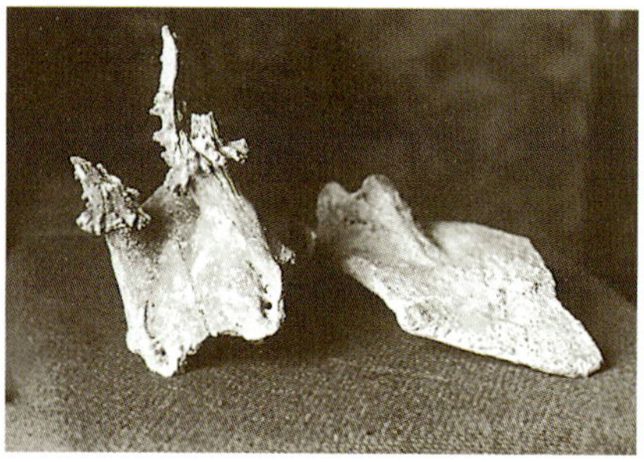

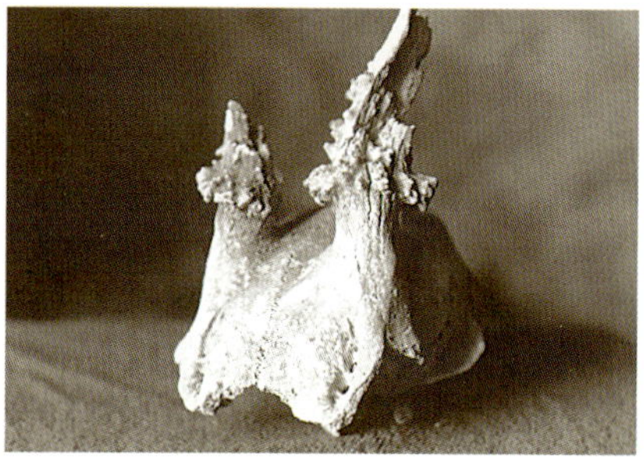

Verschiedene Rehschädel

Die ältesten Fossilien der Vorfahren des Rehs sind ungefähr zwölf Millionen Jahre alt. Die Gattung *Capreolus*, so wie wir sie heute kennen, ist hingegen viel jünger, nämlich nur drei Millionen Jahre alt. Die aufeinanderfolgenden Eiszeiten hatten einen großen Einfluss auf die Evolution des Rehs und seine Verbreitung. Zu jener Zeit lebte es nur in den heutigen Mittelmeerländern. Paläontologen fanden Spuren von Rehwild, die aus der letzten großen alpinen Eiszeit (Würm) zwischen 15 000 und 10 000 Jahren vor unserer Zeitrechnung stammen. Damals lebte es neben Rentier und Wildschwein. Die Besiedlung Europas setzte von den Mittelmeerländern ausgehend in Richtung Norden und Osten ein.

Die Bedeutung des Rehs für den prähistorischen Jäger war jedoch verhältnismäßig gering. Entweder boten Rehe nicht genügend Fleisch oder aber ihre Bejagung war zu mühsam.

Sehr viel jünger sind die archäologischen Funde oder Knochenreste (Schädel) aus den Karsthöhlen Südfrankreichs. Sie beweisen, dass diese kleinen Cerviden bis in das 19. Jahrhundert hinein in Südfrankreich sehr wohl präsent waren. Erst danach ging ihr Bestand allmählich zurück. Heute zählt das Reh zu den am stärksten verbreiteten Wildarten Europas.

In der Morgendämmerung äsen Rehe gerne am Waldrand oder auf Forstwegen.

Geografische Verteilung

Deutschland weist einen äußerst reichen Rehwildbestand auf, der sich über das ganze Land verteilt. Aufgrund der sorgfältigen Hege sowie infolge einer ungenügenden Bejagung und dem Fehlen von natürlichen Feinden nimmt der Rehwildbestand seit einigen Jahrzehnten immer mehr zu.

Der Osten und Norden Deutschlands ist stärker von Rehen besiedelt. Die Bestandsdichten können hier bis zu 20 Rehe pro Quadratkilometer erreichen. In anderen Gebieten ist die Verteilung sehr ungleich: Die Bestände schwanken zwischen einem und zehn Rehen, je nach Landschaft und Besiedlungsgrad.

Rehe ziehen im Schutz der Abenddämmerung zur Äsung.

Der Rehwildbestand

In Deutschland gibt es keine behördliche Wildzählung und keine offiziellen Bestandszahlen. In anderen Ländern Europas, z. B. in Frankreich, dienen Wildzählungen als Grundlage für den Abschussplan, in Deutschland hingegen erfolgen Zählungen nur individuell im Revier eines Jägers.

Der gewissenhafte Jäger wird sicher bemüht sein, sein Wissen über den Bestand des Rehwildes in seinem Revier so gut wie möglich festzulegen. Sei es bei vermehrten Ansitzen im Frühjahr oder durch Revierfahrten mit dem Auto in der Dämmerung. Obwohl die Abschusspläne von der jeweiligen Jagdbehörde vorgegeben werden, wird sich der Jäger bemühen, sich nach dem vorhandenen Wildbestand zu richten.

Sichernder Bastbock

Das Reh zählt heute zu den am weitesten verbreiteten Wildarten Europas.

Rehwildkunde

Eine Miniaturausgabe des Rothirsches ist das Reh sicherlich nicht, sondern eine vollwertige Wildart. Das männliche Tier heißt Bock, das Weibchen Ricke oder Geiß. Die Jungtiere sind Geiß oder Bockkitz, ab dem 1. April des auf die Geburt folgenden Jahres heißen sie Schmalreh oder Jährling.

Das ausgewachsene Reh misst 60 bis 80 Zentimeter bis zum Träger und wiegt je nach Region zwischen 14 und 18 Kilogramm. Die Männchen wiegen im Durchschnitt zwei bis drei Kilogramm mehr als die Weibchen. In Gebieten mit reichem Nahrungsangebot können Einzeltiere ausnahmsweise 20 bis 22 Kilogramm schwer werden. Festzustellen ist, dass es innerhalb dieser Wildart in Europa große Gewichtsunterschiede gibt, vor allem in Osteuropa.

In Asien lebt noch eine größere und schwerere Art des Rehs: das Sibirische Reh *(Capreolus capreolus pygargus)*. Es unterscheidet sich zwar genetisch, eine Kreuzung zwischen den beiden Arten ist jedoch möglich. Das Sibirische Reh ahnelt unserem Reh, seine Statur ist aber imposanter. Die Männchen erreichen rund 50 Kilogramm und schieben im Vergleich zu unseren einheimischen Rehen beeindruckende Trophäen.

Rehe sind schwanzlos und können sich aufgrund ihrer Anatomie durch Springen fortbewegen. Die Vorderläufe sind relativ kurz, die Hinterläufe dagegen länger und gebeugt.

Wie die meisten Cerviden besitzt das Kitz bei seiner Geburt ein rötliches Haarkleid, übersät mit den typischen weißen Flecken. Dieses Haarkleid eignet sich hervorragend zur Tarnung und wird erst nach einigen Monaten durch die rötlichere Winterdecke ersetzt. Ausgewachsene Tiere vollziehen zwei Haarwechsel. Der Frühlingswechsel (April–Mai) ersetzt das Winterhaar durch eine kurze, dichte Sommerdecke. Das Winterhaar wächst ab Oktober und ist üppiger, dabei grauer und glanzloser. Eine sichtliche Verspätung des Haarwechsels kann auf einen schlechten Gesundheitszustand oder einen Befall durch Parasiten hinweisen.

Cerviden besitzen keine Gallenblase (Galle), jedoch eine voluminöse Leber. Diese Besonderheit findet sich auch bei anderen Tieren, etwa bei Walen, Pferden, Elefanten oder Tauben. Beim Aufbrechen eines Rehs ist es also zwecklos, danach zu suchen. Was Sie nicht daran zu hindern braucht, einen unwissenden Freund danach suchen zu lassen. Vielleicht entdeckt er ja eine Abnormität!

Der Magen besteht aus vier Kammern: Die größte ist der Pansen, gefolgt vom Netz-, Blätter- und Labmagen. Rehe sind Wiederkäuer. Die Nahrung wird aufgenommen, gelangt in den Pansen und wird wiedergekäut, nachdem sie sich durch den Pansen bewegt hat. Der Nahrungsbrei wandert anschließend in den Netzmagen, dann in den Labmagen, bevor die endgültige Verdauung im Darm stattfindet. Im Vergleich zum Gesamtgewicht des Tieres ist der Magen relativ klein. Diese Besonderheit rechtfertigt die leichte, aber häufige Nahrungsaufnahme nährstoffreicher Pflanzen.

Beide Geschlechter haben Duftdrüsen in den Schalen (Mittelfuß), den Laufbürsten, sowie Zwischenzehendrüsen. Das Männchen besitzt außerdem Drüsen am Gehörnansatz. Diese produzieren Sekrete, die zur Markierung und zur Kommunikation der Tiere untereinander dienen.

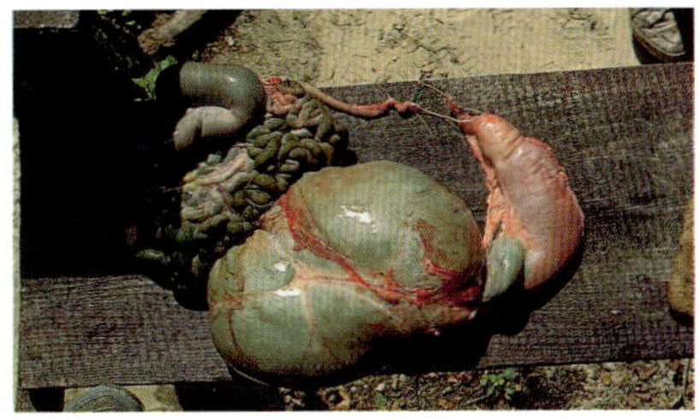

Rehmagen

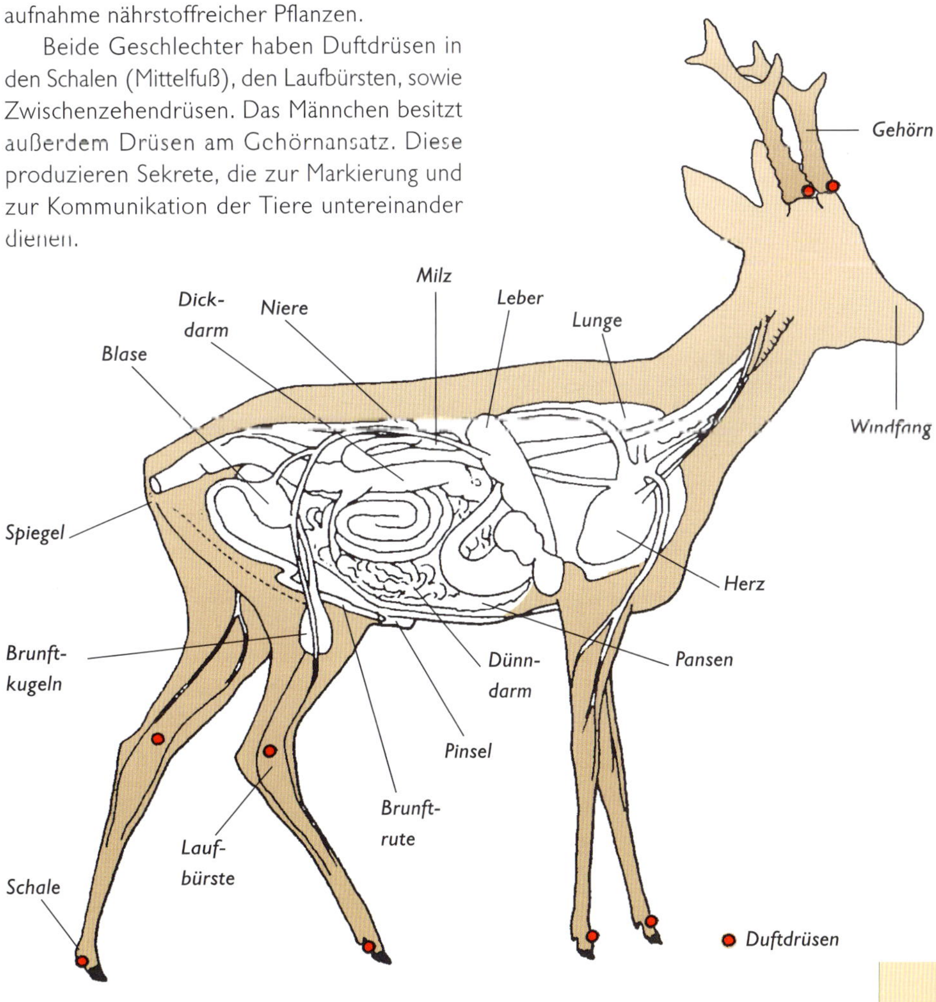

Prächtige Trophäe eines starken Bastbockes

Die Stimme

Der Mensch erkennt seinesgleichen am Klang der Stimme, bei Tieren ist es nicht anders. Elefanten trompeten, Löwen brüllen, Hunde bellen, und auch Rehe haben eine Kommunikationsmöglichkeit.

Während sich für den Normalsterblichen das Schmälen eines Rehs in nichts von dem eines anderen unterscheidet, sind diese Laute für Geübte sehr aufschlussreich. Forscher haben die Wesensmerkmale jedes Lauts beschrieben. Ausgehend von akustischen Aufzeichnungen konnten recht große Unterschiede festgestellt werden, so dass es sogar möglich wäre, einzelne Tiere durch Analyse des Lautverhaltens zu erkennen. Diese Aussicht scheint äußerst vielversprechend. In der Tat kann die Verwendung von Lautaufzeichnungen und Lautanalysen sowohl für die Identifizierung spezieller Tiere als auch für die Entwicklung neuer Zählmethoden hilfreich sein.

Weitaus »geschwätziger« als der Hirsch, stößt das Reh sehr klangvolle, wiederholte Schmällaute aus, sobald es gestört, erschreckt oder gar bedroht wird. Die Gefahr wird dabei über Augen, Nase oder das Gehör erkannt. Wenn ein Bock sein Revier markiert, dient das Schmälen auch als Warnung an seine Artgenossen, und es ist immer auch eine Warnung an einen potentiellen Räuber, Rivalen oder Eindringling, dass er entdeckt wurde.

Der Geruchssinn

Sein feiner und stark ausgeprägter Geruchssinn erlaubt dem Reh, äußerst unauffällige Gerüche mit Hilfe seiner sehr komplex ausgebildeten Nasenhöhlen auf große Entfernungen wahrzunehmen. Wie bei den meisten Landsäugetieren ist der Geruchssinn in der Riechschleimhaut der Nase eingebettet, in der auch spezifische Rezeptoren angesiedelt sind, die das Riechhirn aktivieren. Die olfaktorische Information wird äußerst feinfühlig, zuverlässig und selektiv aufgenommen. Das Reh erfasst viele unterschiedliche Gerüche, die an seine Umgebung und an Ereignisse gebunden sind, und identifiziert diese. Es kann sich Gerüche sehr gut einprägen. Ein Beobachter oder potentieller Beutegreifer wird bei schlechtem Wind schon auf einige 100 Meter Entfernung wahrgenommen.

Der Geschmackssinn

Der Geschmackssinn ist eng mit dem Geruchssinn verbunden und insbesondere bei der Auswahl der Nahrung wichtig. Proteine und Zellulose lösen aufgrund ihrer Molekülstruktur keine Reaktion der sensitiven Rezeptoren aus. Diese Substanzen, die eine entscheidende Rolle spielen, können folglich nicht direkt an ihrem Geschmack erkannt werden. Dagegen ist die direkte Wahrnehmung von Bestandteilen, die wirklich für den Geschmack verantwortlich sind, entscheidend bei der Anpassung der Nahrungsauswahl an die physiologischen Bedürfnisse. Durch Bitterkeit hervorgerufene Abneigung oder Ekel erlaubt dem Tier, die Aufnahme zahlreicher giftiger und bitter schmeckender Bestandteile zu vermeiden wie zum Beispiel von Alkaloiden (bei bestimmten Pilzarten).

Nichtsdestotrotz schmecken nicht alle giftigen Pflanzen bitter, und bittere, aber ungiftige Pflanzen werden in der Regel auch geäst. Es liegt also auf der Hand, dass neben den angeborenen sensitiven Reaktionen noch weitere Mechanismen ablaufen müssen, mit denen sich die selektive Nahrungsaufnahme erklären lässt.

Das Gehör

Dank seiner relativ großen, sehr offenen und beweglichen Lauscher kann das Reh selbst feinste Geräusche wahrnehmen. Es ist außerdem in der Lage, wie viele andere Tiere auch, zwischen vertrauten Geräuschen und solchen, die eine Gefahr ankündigen, genau zu unterscheiden.

Tritt man bei der Pirsch auf einen noch so dünnen Zweig, wird das die sofortige Flucht eines Rehs zur Folge haben. Der ohrenbetäubende Lärm von Kettensägen auf eine Entfernung von 200 Metern wird dagegen nicht als Gefahr empfunden werden.

Das Sehvermögen

Rehe besitzen gewiss keine Adleraugen, können ihr Revier jedoch sehr gut beobachten. Ihr neugieriges Verhalten lässt manchmal auf ein schwach ausgeprägtes Sehvermögen schließen. Dem ist nicht so. Wie bei vielen anderen Säugetieren auch, ist die Farbwahrnehmung nur schwach entwickelt, sie werden daher durch Kontraste oder Bewegungen gewarnt.

Das Gehörn

Der Rehbock gehört zu den Cerviden und trägt als solcher ein Gehörn. Der Schiebungs- und Wachstumszyklus des Gehörns wird durch die männlichen Hormone (Testosteron) angeregt. Der Produktionskreislauf dieser Hormone erreicht sein Höchstmaß nach der Wintersonnenwende.

Besonderes Merkmal der männlichen Tiere sind die Knochenbildungen, die jedes Jahr abgeworfen werden und dann wieder nachwachsen, wie die Blätter eines Laubbaumes. Anders verhält es sich mit den Hörnern der Boviden. Hier handelt es sich um Ausscheidungsprodukte der Haut (Keratin), die ständig weiter wachsen (sie werden nicht abgeworfen). Bei Rehen bildet sich allerdings nicht unbedingt, was später noch erläutert wird, jedes Jahr eine zusätzliche Sprosse.

Bockkitze schieben ab September ein Erstlingsgehörn. Es heißt Spieß- oder Knopfgehörn. Wenn die Spieße im Februar abgeworfen werden, wird das Jährlingsgehörn geschoben. Zwischen Mai und Juni ist die Gehörnbildung abgeschlossen.

Die ausgewachsenen Rehböcke werfen ihr Gehörn ab Oktober ab. Das Phänomen des Abwurfs hängt mit dem Sinken des Testosteronspiegels im Blut zusammen.

Vergleicht man den jährlichen Rhythmus der Trophäen mit dem der Hodenfunktion, stellt man fest, dass beide zueinander in Beziehung stehen.

1. Der Gehörnabwurf findet immer dann statt, wenn die Testosteron-Plasmakonzentration stark zurückgeht.

2. Der Entwicklung neuer Trophäen geht immer ein Anstieg des Testosteronspiegels voraus.

3. Das Fegen des Gehörns setzt bei erhöhtem Androgenspiegel ein.

Auch wurde beobachtet, dass der Umfang der Hoden im Oktober stetig zunimmt und nach dem Abwurf wieder zurückgeht.

Da die Stangen gleichzeitig mit den Blättern der Laubbäume abgeworfen werden und zudem noch ziemlich klein sind, sind sie nur schwer zu finden. Außerdem werden sie innerhalb kürzester Zeit von kleinen Nagetieren verzehrt.

Nach dem Abwurf setzt eine intensive Zellenaktivität auf dem Rosenstock ein. Ein neues Gehörn, das so genannte Bastgehörn, wird gebildet, eine Knochenbildung ohne Mark, überzogen mit einer behaarten Haut. Als Folge einer starken Mineralisation des Knochens beenden die ausgewachsenen Rehböcke den Gehörnaufbau Ende Februar und fegen das Gehörn Anfang März, d. h., der Bast wird dann mehr oder weniger blutig vom Gehörn entfernt, indem der Bock sich mit ihm an Bäumen reibt. Die Schnelligkeit beim Wachstum steigt mit dem Alter des Bockes. Das Gehörn wird in etwa $4^1/_2$ Monaten neu gebildet. Während dieser Neubildungsphase steigt der Testosteronspiegel im Blut stetig an.

Das vollständig ausgebildete Gehörn sichert den erwachsenen Böcken bei Revierkämpfen die Vorherrschaft über die jüngeren. Die Entwicklung des Gehörns ist aber auch dann noch nicht abgeschlossen. Nach der Sommerbrunft ist

Klassische Form eines Sechsenders

Verschiedene Gehörnformen

Diese Gehörnstange wurde von Nagetieren angefressen.

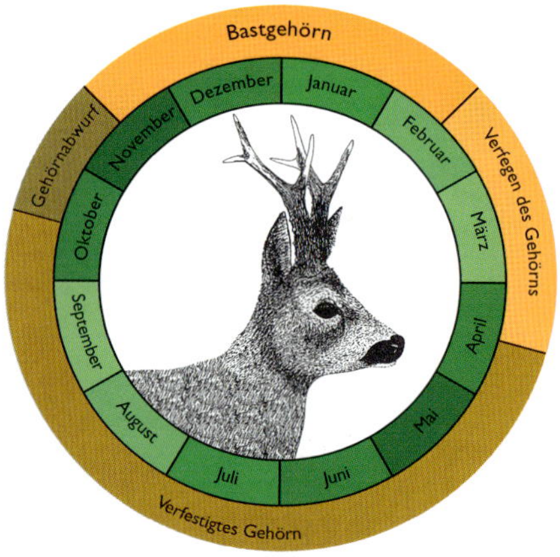

Gehörnzyklus des Rehbockes

Gehörnbildung

Vor der Geiß mit der gut sichtbaren Schürze befindet sich ein Bock, dessen Pinsel ebenfalls gut zu erkennen ist.

das völlig mineralisierte Gehörn ein abgestorbenes Organ. Der zentrale Teil des Rosenstocks wird schwammig. Es bildet sich eine Trennungszone zwischen dem Rosenstock und der Rose. Erst danach kann das Gehörn abgeworfen werden.

Das Gehörn des Bockes entwickelt sich in Auslage eng und mit wenig Sprossen. Ein Rehbock besitzt in der Regel ein sechsendiges Gehörn, das seinen maximalen Entwicklungspunkt mit vier bis sechs Jahren erreicht. Rosen und Perlen schmücken die Gehörnstange, die bei manchen Böcken bis zu stolze 25 Zentimeter erreichen kann. Mit zunehmendem Alter wird die Rose dicker und die Länge der Gehörnstange geht zurück. Das Tier »setzt zurück«.

Da es bei der Anordnung und der Bewertung der Trophäen zahlreiche Varianten gibt, kann leider keine Standardbeschreibung gegeben werden. Das Gehörn des Bockes kann sehr ungewöhnliche Form und Gestalt annehmen. Bei Abnormitäten unterscheidet man zwischen Perücke, Widdergehörn oder Bischofsmütze.

Solche abnormen Gehörne können durch Schocks und Unfälle während der Bastperiode verursacht werden, die in der Regel für die kommenden Jahre ohne Auswirkungen bleiben. Wenn die Ursache der Störung organisch oder parasitär bedingt ist, korrigiert sich die Abnormität mit der Wiederherstellung des normalen Funktionsablaufs im folgenden Jahr. Wenn die Störung dagegen physiologischen oder sogar genetischen Ursprungs ist, kommt es zu einer Gehörnwucherung, die mitunter spektakuläre Ausmaße annimmt.

Bei Perückenböcken liegt eine Verletzung des Kurzwildpretes vor, der Bock wirft kein Gehörn mehr ab und verfegt auch kein Bastgehörn. Es bildet sich eine pastige Gehörnmasse, die Perücke. Auch eine unfallbedingte Kastration wird das Schieben eines Gehörns stark beeinträchtigen, wenn nicht sogar verhindern. Hauptsächlich in Weidegebieten von Nutzvieh, die mit Drahtzäunen umgeben sind, kommt es zu Hodenverletzungen und somit zu Abnormitäten des Gehörns.

Unterscheidung der Geschlechter

Ohne den Kopfschmuck der Rehböcke gäbe es nur wenige Hinweise für eine genaue Geschlechtsbestimmung. Im besten Fall kann der Körperbau dem geübten Auge weiterhelfen. Die Männchen tragen den Körper leicht nach vorn. Der Pinsel ist manchmal gut zu sehen, und im Winterhaar erinnert die Form des männlichen Spiegels, ein weißer Fleck am Hinterteil, in der Form an eine Niere oder Bohne, wohingegen der Spiegel der Geiß herzförmiger ist (Feuchtblatt).

Die Altersbestimmung ist ebenfalls sehr schwierig. Die Größe des Tieres und sein Haarkleid erlauben ein Erkennen der Jungtiere. Die Bestimmung folgt also eher nach dem allgemeinen Eindruck. Wer sein Revier und dessen Bewohner gut kennt, kann aus dem Zeit-

Die Geschlechtsteile

punkt des Gehörnabwurfs auf die Hierarchie unter den Einzeltieren schließen.

Bestimmung des Alters

Durch Beachtung verschiedener Merkmale, wie Zeitpunkt des Fegens und Verfärbens, Färbung des Sommerhauptes (Muffelfleck, Stirnlocke, Brille), nach Verhalten und Körperform wird das Alter des lebenden Bockes bestimmt. Das Gehörn dient nur bedingt der Altersschätzung.

Zur genaueren Bestimmung des Alters werden am erlegten Reh die Größe der Rosenstöcke, die Verwachsung der Schädelnaht und insbesondere die Zahnbildung und die Abnutzung des Gebisses herangezogen.

Zahnwechsel

Die Untersuchung des Kiefers *(post mortem)* gibt genauen Aufschluss über das Alter des jeweiligen Tieres. Wie bei den meisten Säugetieren sind der Durchbruch und die Form der Milchzähne bzw. der bleibenden Zähne gute Indikatoren. Der Genauigkeit halber ist es dennoch sinnvoll, mehrere Kieferexemplare für das entsprechende Revier zum Vergleich heranzuziehen. Das Wachstum der Zähne kann je nach Region und externer Faktoren schneller oder langsamer erfolgen, wobei sich die Phasen des Zahndurchbruchs ebenfalls leicht unterscheiden lassen.

Bis zum dritten Monat besitzt das Kitz vier Schneidezähne, drei Prämolare, von dem der dritte dreiteilig ist. Der erste Molar wächst etwa im vierten Monat. Der zweite und dritte Molar brechen im Laufe des Jahres durch. Der dritte Molar ist eindeutig dreiteilig. Zwischen dem 12. und 14. Monat werden die Milchzähne durch bleibende Zähne ersetzt, und der dritte Prämolar bricht nun als zweiteiliger Dauerzahn durch. Dies ist ein sicherer Hinweis, um Individuen, die jünger als ein Jahr sind, von erwachsenem Wild unterscheiden zu können. Mit 15 Monaten, d. h. im Laufe des zweiten Lebensjahres, ist die Zahnbildung des Rehs vollständig und bleibend. Das Gebiss umfasst pro Unterkieferhälfte vier Schneidezähne, drei Prämolare und drei Molare. Wie bei allen Wiederkäuern befinden sich am Oberkiefer nie Schneidezähne. Bei den älteren Individuen erlaubt die Abnutzung der Reibungsfläche von Prämolaren und Molaren eine genaue Einordnung in die Altersklasse.

In der Vergangenheit meinte man, das Alter eines Rehbockes exakt nach dem Abschliff der Zähne bestimmen zu können. Diese Methode ist auch heute noch nicht ganz von der Hand zu weisen, kommt aber immer mehr in Zweifel, vor allem als einige Revierpächter damit begannen, Rehkitze mit Lauschermarken zu versehen. Die Lauschermarken enthalten die Jahreszahl und haben jedes Jahr eine andere Farbe. Durch die Markierung sind absolut neue Erkenntnisse gewonnen worden. Gleichaltrige Rehe weisen oft sehr große Unterschiede im Zahnabschliff auf. Altersmäßig lässt sich ohne Markierung nur der einjährige Bock sicher festlegen. Der dritte Prämolar ist noch dreiteilig oder hat eben zum zweiteiligen Dauerzahn gewechselt. Da Zähne der Abnutzung unterliegen, sind sie eigentlich keine beurteilungsfähigen Indikatoren.

Nach der Äsung sitzt der Rehbock im Bett.

Backenzähne im Unterkiefer

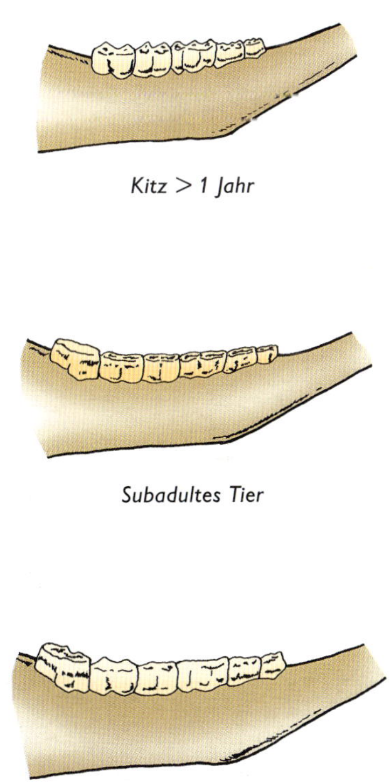

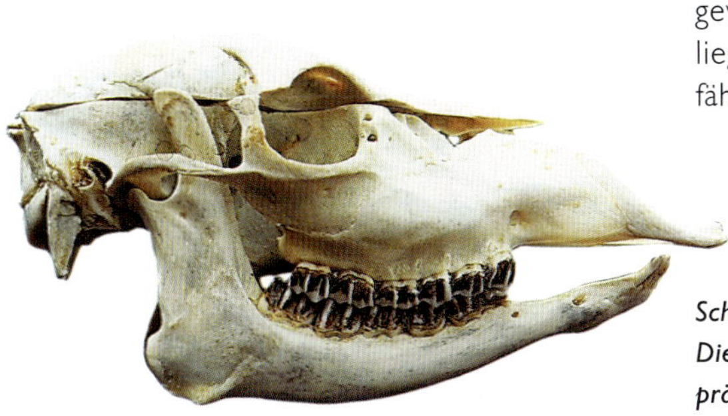

Schädel einer erwachsenen Geiß.
Die Untersuchung der Zähne erlaubt eine präzise Altersbestimmung des Tieres.

Soziale Struktur und Verhaltensweisen

Führende Geiß – in der Regel setzen Geißen zwei Kitze.

Als Individualist und Einzelgänger duldet das Reh seine Artgenossen kaum. Es ist sehr ortstreu, lebt auf begrenztem Raum und ist durchaus in der Lage, sein ganzes Leben auf weniger als 50 Hektar zu verbringen. Während der Blattzeit, kann sich das Revier des männlichen Tieres sehr stark verkleinern (10 bis 40 Hektar), und es wird jedem Konkurrenten den Zutritt, sei es durch Angriff, sei es durch Markierung seines Territoriums, verweigern. Bei hoher Wilddichte akzeptiert ein Rehbock einen jungen Bock, sofern dieser keine Gebietsansprüche erhebt.

Im Frühling und Sommer, wenn die Gehörne aufgesetzt sind, scharrt der Bock mit dem Vorderlauf im Boden, um seine Reviergrenze und seine Anwesenheit zu markieren, indem er kleine sehr gut wiederzuerkennende Stellen des Bodenüberzugs wegschlägt: die Schlagstellen. Er fegt sein Gehörn an jungen Baumstämmen, bis sich die Bastfetzen ablösen: die Fegestellen. Schlag- und Fegestellen am gleichen Platz heißen Plätzstellen.

Einschüchterungspose: links, der erwachsene, rechts, der junge Bock

Wie bei den meisten Säugetierarten besitzt die soziale Grundstruktur matriarchalischen Charakter. Sie setzt sich aus einer Geiß mit einem oder zwei Kitzen pro Jahr zusammen. Diese Mutterfamilie bleibt aber nur für einen kurzen Zeitraum von zehn bis elf Monaten beieinander.

Im Laufe des Jahres wird zwischen zwei Perioden sozialen Verhaltens unterschieden. Von April bis Oktober herrscht eine eher individualistische Verhaltensweise. Die Geiß zieht ihre Jungen auf, während der Bock vor allem mit der Sicherung seines Reviers beschäftigt ist (Brunft). Gerade in dieser Zeit begegnen sich Sprünge junger und erwachsener Weibchen und Männchen. Ein ausgeprägtes Revierverhalten der Böcke zeigt sich mehr in geschlossenen Landschaften (Wald) und bei schwacher Bestandsdichte. Eine höhere Toleranz scheint insbesondere gegenüber den Jungtieren zu herrschen, sobald das Gebiet offener wird (Agrarlandschaft). So kommt es vor allem im Winter zur Bildung von Sprüngen, da die Böcke weniger revierorientiert und toleranter sind. Bei Feldrehen können Sprünge mit bis zu 30 Rehen beobachtet werden. Gerade in dieser Jahreszeit trifft man kaum auf Einzeltiere, und auch der Einfluss der Umgebung scheint eine große Rolle zu spielen. Je offener die Landschaft ist (Heckenlandschaft, landwirtschaftliche Flächen), um so größer sind die Sprünge. Dieses Verhalten lässt die Erinnerung an eine Anti-Beutegreifer-Verteidigungsstrategie, wie es sie vor langer Zeit gegeben hat, wieder wach werden, als das Reh Beutetier großer Fleischfresser war.

Um überleben zu können, müssen Pflanzenfresser zweifellos einen Kompromiss zwischen ausreichendem Nahrungsangebot und Schutz gegen mögliche Feinde finden. In manchen Fällen können die Tiere eines Sprungs bei gleicher Wachsamkeit mehr Zeit mit der Nahrungsaufnahme verbringen als Einzeltiere. Das Reh entwickelt im Winter einen deutlich sichtbaren

Spiegel, der in starkem Kontrast zu seinem eher grauen Haarkleid steht. Bei Gefahr stellen sich seine Haare auf, wodurch der Farbkontrast noch verstärkt wird. So wird er zum Alarmsignal, das für den Rest des Sprungs gut wahrnehmbar ist und einen guten Zusammenhalt der Gruppe bei der Flucht gewährleistet.

Die Ausweitung des Lebensraumes findet mit dem Fortziehen der Jungtiere im Frühling statt, die sich am Rand des Reviers der erwachsenen Tiere ansiedeln. Die Platzböcke vertreiben die jungen Böcke, und die trächtigen Geißen verstoßen die Jungen des Vorjahres. Die Besiedlung neuer Territorien erfolgt um so schneller,

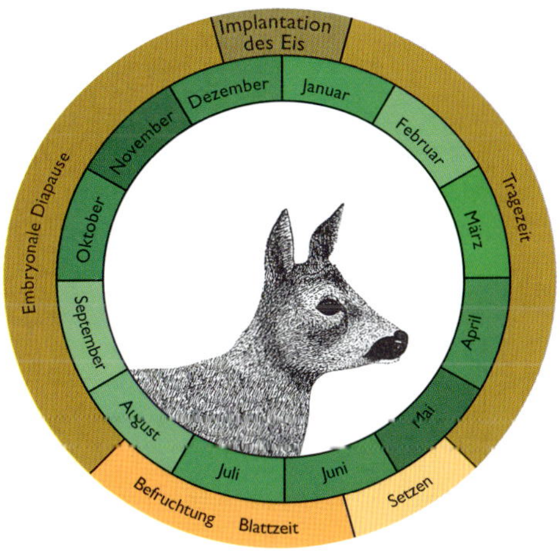

Fortpflanzungszyklus der Geiß

je größer die Aufnahmekapazitäten sind (Nahrungsangebot) oder je mehr Reviere durch das Verschwinden der Platzböcke zur Verfügung stehen (Jagd etc).

Fortpflanzung

In der Regel erreicht eine Geiß mit 14 bis 15 Monaten die Geschlechtsreife. Die Paarungsbereitschaft ist sehr kurz: maximal 48 Stunden. Der Rehbock ist im März nach der Geburt quasi geschlechtsreif und schiebt dann auch sein Erstlingsgehörn. Das Revierverhalten ist jetzt allerdings noch nicht deutlich erkennbar. Die Paarungsbereitschaft fällt in die Zeit der »heißen Tage«, die Blattzeit demnach in den Sommer. Die Männchen verhalten sich jetzt aggressiver und verteidigen ihr Revier vehement. Kämpfe gibt es selten, aber die Zahl der Vertreibungen und die Menge aggressiven Verhaltens nehmen zu. Die Böcke markieren ihr Revier immer stärker, was an der großen Zunahme der Schlag- und Fegestellen zu erkennen ist. Lautäußerungen (Schrecken) sind häufiger zu vernehmen.

Zur Trächtigkeit gehört die so genannte embryonale Diapause (Eiruhe), die eine Unterbrechung der Eientwicklung bezeichnet. Diese Besonderheit findet sich im Übrigen auch bei anderen Säugetieren wie Marder, Steinmarder oder Dachs. Nach der Befruchtung entwickelt sich das Ei einige Tage und setzt sich in eine Falte der uterinen Hörner ab, bevor es in den Uterus wandert. Die Entwicklung des Embryos setzt bis Dezember/Januar aus. Im Winter ist also kaum eine Befruchtung zu beobachten. Die eigentliche Tragzeit beginnt am Ende des Winters, dann setzt das Embryowachstum wieder ein, bis im Mai/Juni das Kitz gesetzt wird. Die neugeborenen Pflanzenfresser finden nun ein reichhaltiges Nahrungsangebot. Ohne die Unterbrechung der Eientwicklung, und aufgrund der im Sommer stattfindenden Blattzeit, würden die Geburten sonst im tiefsten Winter unter für die Aufzucht der Kitze sehr ungünstigen Bedingungen stattfinden.

Die Geburt von Zwillingen ist normalerweise die Regel, selbst für Schmalgeißen bei guten Nahrungsbedingungen. Auf eine Geiß kommen etwa 1,8 Kitze. Hin und wieder beobachtet man auch Drillinge. Die Stillzeit währt in der Regel zwar bis zum Herbst, doch die Kitze beginnen gleich nach der Geburt, selbst Äsung aufzunehmen.

Nach dem Setzen werden die Kitze von der Mutter abgeschirmt und manchmal sogar voneinander isoliert. Ihre Unbeweglichkeit und ihr geflecktes Haarkleid sind ihre einzige, aber sehr wirksame Verteidigung. Die Geiß lässt ihre Kitze niemals aus den Augen, auch wenn sie nicht direkt mit ihnen in Kontakt ist. Eine der lebenswichtigsten Regeln für im Wald gefundene Kitze heißt: Nicht berühren! Jedes Jahr fällt trotz intensiver Öffentlichkeitsarbeit eine

Zwei Bockkitze im Spätsommer. das linke Tier zeigt die ersten Knöpfe.

Altersklassen der Geiß	Anzahl der Kitze
1 bis 2 Jahre	1,4
3 bis 4 Jahre	1,7
5 bis 6 Jahre	1,9
7 bis 8 Jahre	2
älter als 8 Jahre	2,1

Ein Kitz im hohen Gras verborgen

Im Winter äsen Rehe wegen des geringen Nahrungsangebots bevorzugt Holzpflanzen.

Blaubeeren schmecken Rehen besonders gut.

große Anzahl an Kitzen unwissenden Menschen zum Opfer, die meinen, guten Willens und lobenswerter Absichten zu sein.

Ernährung

Rehe sind pflanzenfressende Wiederkäuer. Wegen ihrer geringen Körpergröße im Vergleich zum Verdauungsapparat können sie keine großen Nahrungsmengen aufnehmen und sind daher gezwungen, nährstoffreiche Äsungsflächen zu finden. Die gesuchten Pflanzen müssen den Energie-, Stickstoff-, Mineralsalz- und Wasserbedarf decken und frei von Giftstoffen sein. Die Deckung dieses Energiebedarfs ist im Frühling und Sommer unproblematisch. Im Winter hingegen, wenn der Nährwert der Pflanzen geringer ist, muss das Reh einen Kompromiss zwischen dem benötigten und dem verbrauchten Energiebedarf finden. Es verbraucht daher einen Teil seiner Fettreserven, die es sich im Herbst dank nahrhafterer Pflanzen zugelegt hat.

Die notwendigen Stickstoffanteile, die hauptsächlich wildwachsende oder angepflanzte Hülsenfrüchte aufweisen, sind leicht aufzufinden. Das gleiche gilt für die Mineralsalze, deren Verbrauch für das erneute Aufsetzen des Gehörns und die Tragezeit unbedingt notwendig sind. Auch bestimmte Pflanzen, deren Rinde reich an Mineralsalzen und Spurenelementen sind, werden von Rehen sehr gerne geäst (Hagebuche, Weide, Esche). Die im Wald aufgestellten Salzblöcke werden ebenfalls regelmäßig besucht. Das in den Pflanzen enthaltene Wasser scheint einen Großteil des Bedarfs abzudecken. Nur selten wird ein Reh seinen Durst an einer Wasserstelle stillen.

Die Problematik der Giftigkeit mancher Pflanzen gestaltet sich etwas komplexer. Fachleute haben herausgefunden, dass die Beziehungen zwischen Pflanzenfressern und den Pflanzen in ihrem Lebensraum dem Phänomen der Koevolution folgen. Das bedeutet, dass die Pflanzen im Laufe der Zeit die Fähigkeit entwickelt haben, bestimmte Substanzen, die sie gegen ihre Hauptfeinde schützen, zu synthetisieren. Die Tiere wiederum haben durch einen vergleichbaren Anpassungsmechanismus, die Möglichkeit entwickelt, diese Substanzen abzubauen. Das erklärt vielleicht, weshalb etwa manche Pilze von Rehen aufgenommen werden, aber nie in einem Omelette zu finden sind!

Die wichtigsten Ernährungsmerkmale des Rehs sind einerseits der Bedarf der Nahrungszerteilung, die acht bis zwölf Nahrungsaufnahmen sowie das Wiederkäuen über einen Zeitraum von 24 Stunden und andererseits die große Variabilität der geästen Pflanzen. Das Reh ist ein Konzentrat-Selektierer, der unter vielen Pflanzen die für ihn beste auswählt und wegen seiner Ortsfestigkeit auf eine äußerst abwechslungsreiche Vegetation angewiesen ist.

Das bevorzugte »Menü« eines Rehs zu beschreiben, ist nicht leicht. Nur mit Hilfe einer Analyse des Mageninhalts kann eine Liste der aufgenommenen Pflanzen innerhalb eines Territoriums bestimmt werden. Das Reh äst nur wenig Süßgräser und wählt lieber unter den zweikeimblättrigen Pflanzen (Klee, Taubnessel, Platterbse) und Hölzern bzw. Halbhölzern (Eiche, Hagebuche, Esche, Weide, Tanne, Fichte, Kiefer) aus. Auch Efeu, Blaubeeren, Himbeeren und vor allem Brombeeren und Geißblattgewächse, die im Unterholz an sonnenreichen Plätzen wachsen, sind sehr beliebt.

Die Auswahl der Pflanzen hängt sowohl vom Appetit als auch von der jahreszeitlichen Verfügbarkeit ab. Süßgräser und Dikotylen sowie immergrüne Laubbäume werden während ihrer aktiven Vegetationsperiode geäst, Efeu, Brombeeren und Nadelhölzer am stärksten im Winter. Ebenso gehören alle Waldfrüchte und Kulturpflanzen (Getreide, Mais, Sichelklee, Rüben) zur Rehnahrung. Die Verbissschäden sind relativ gering, da das Reh kein klassisches Herdentier und vielseitig bei der Nahrungsauswahl ist. Der häufigste Schaden tritt durch Verbeißen junger Triebe auf, was ein gesundes Wachstum des Baumes verhindert. Gegenmaßnahmen sind bei diesem Wildschaden um so wichtiger, als die pflanzliche Landschaftsstruktur dadurch an Vielfalt verliert.

Die durch Rehe an Laubbaum- oder Nadelholzanpflanzungen auf ehemaligen Ackerflächen verursachten Wildschäden können hingegen beträchtliche Ausmaße annehmen. Oft hängen sie von den Anbaumethoden ab, die den Erhalt und die Reinheit der Anpflanzung gewährleisten. Ein Landwirt wird in diesen Fragen nie nach forstwirtschaftlichen Maßstäben entscheiden! Dem Reh bleiben daher nur die zarten Triebe der Weichhölzer oder die köstlichen Nadeln der Weißtanne. Die eingesetzten Herbizide vernichten auch die letzte Wicke, den letzten Brombeerstrauch und die letzten Süßgräser. Die Schäden sind in diesem Fall nur schwer zu vermeiden. Es wäre manchmal vernünftiger und lohnender, dem Überleben der Pflanze den Vorrang vor maximalem Wachstum zu geben. Lieber ein langsam wachsender Baum als ein toter! Es empfiehlt sich auf jeden Fall, den Schadensbefall um der Zukunft der Anpflanzungen willen zu begrenzen. Wenn die Anzahl der befallenen Bäume nicht zu hoch ist, und sie noch jung sind, kann sich dies günstig auf das Wachstum der übrigen Bäume auswirken. Sie haben dann mehr Platz. Für einen Forstwirt ist dies oft zwar nur schwer zu verstehen, es ist aber eine Realität. Dieses Phänomen lässt sich auch auf Feldern mit einjährigen Nutzpflanzen beobachten. Hier ist der Ernteverlust häufig sehr niedrig und steht in keinem Verhältnis zu dem Anteil der zerstörten Oberfläche.

Populationen, die Feldlandschaften besiedeln, d. h. fast ausschließlich in Agrarlandschaften oder auf offenem Gelände leben, könnten das Schlimmste befürchten lassen. Neuere Studien haben jedoch gezeigt, dass dies nicht der Fall ist. Die Schäden an großflächig angebauten Kulturen sind zwar nicht unbedeutend, aber nicht vergleichbar mit den durch Hirsche oder Wildschweine verursachten Schäden. Fallen die Schäden zwar im Allgemeinen gering aus, können sie jedoch im Einzelfall hohe Ausmaße annehmen. So werden bestimmte Erdbeerpflanzen oder sogar Weinreben ebenfalls gerne von Rehen heimgesucht.

Ein anderer von Rehen verursachter Wildschaden ist der so genannte Fegeschaden. Das ist das Abreiben der Rinde, um das Gehörn zu verfegen, auch während der Blattzeit (Reviermarkierung). Am stärksten sind junge Bäume (kleiner Durchmesser) und duftende Baumarten (Douglasie, Fichte, Kiefer, Lärche) betroffen. Der Bock klemmt den jungen Trieb zwischen sein Gehörn und reibt auf der Höhe der Rosen durch Vorwärts- und Rückwärtsbewegungen die Rinde ab. Junge Pflanzen ab einer Höhe von einem Meter sind in der Regel verloren.

Schutzvorkehrungen gibt es, aber sie sind teuer, insbesondere ihre Anbringung. Außerdem sind sie nicht immer sehr wirksam. Am häufigsten handelt es sich um Metallstäbe oder Drahthosennetze mit Stützpfählen. In Gebieten mit hoher Bestandsdichte und bei schnell wachsenden Pflanzen ist eine vollständige Umzäunung manchmal weitaus wirksamer. Bei den Schutzmaßnahmen müssen die verschiedenen Risikofaktoren stets mitberücksichtigt werden. Es ist immer sinnvoller, nach Anpflanzungstyp, der Auswahl der Bäume und den Erhaltungsarbeiten sowie nach der Bestandskontrolle zu entscheiden, als sich auf den Schutz der Einzelpflanze zu beschränken.

Die daraus entstehenden Konflikte und Streitfälle erinnern uns aber wieder daran, dass die verschiedenen »Nutzer« der Natur nicht unbedingt den gleichen Standpunkt vertreten oder die gleichen Ziele verfolgen. Solche Wildschäden sind vom Jagdpächter zu ersetzen.

Brombeeren sind für Rehe die erste Wahl.

Links: Diese Wiese bietet mit Süßgräsern und Hülsenfrüchten ein reiches und vielfältiges Nahrungsangebot.

Krankheiten und Parasiten

Der Rehbestand in Deutschland befindet sich nicht zuletzt durch die Jagdausübung in einem guten Gesundheitszustand. Dennoch sollte man sich darüber im Klaren sein, dass unter den Todesursachen Krankheiten und Parasitismus eine nicht zu vernachlässigende Rolle spielen. Das schnelle Verschwinden von kranken Tierkadavern durch Aasfresser und die Schwierigkeit für Jäger, die Symptome zahlreicher Krankheiten, die ein Reh befallen kann, zu erkennen, führt dazu, dass sie oft unerkannt bleiben.

Infektionskrankheiten

Die meisten Krankheiten, die domestizierte Wiederkäuer befallen, können auch Hirsche oder Rehe bekommen. Nichtsdestotrotz ist festzustellen, dass diese Krankheiten aufgrund der geringen Bestandsdichte, dem schnellen Verschwinden schwacher Tiere und eines höheren genetischen Widerstandes in der Natur nur selten auftreten.

Ein bakterieller Krankheitsbefall des Kiefers *(Actinomyces bovis)* kann schwere Verletzungen verursachen, die das Kauen und Wiederkäuen erheblich beeinträchtigen.

Die Maul- und Klauenseuche, bei domestizierten Tieren stark überwacht und kontrolliert, ist auf Rehe übertragbar. Besondere Beachtung wird dieser Krankheit im Fall von Epizoonose bei der Aufzucht geschenkt. Die Hauptsymptome sind Aphten an Lippen und Nase sowie Abszesse an den Klauen, die ein Lahmen hervorrufen.

Die Tollwut, eine Viruskrankheit, die durch wildlebende und häusliche Fleischfresser übertragen wird, ist erfreulicherweise in Deutschland sehr rückläufig oder aufgrund von Schutzimpfungen von Füchsen, den Hauptüberträgern der Tollwut, überhaupt nicht mehr von großer Bedeutung. Obgleich sie nur noch selten bei Cerviden auftritt, bleiben auch sie nicht verschont, und in besonders schweren Fällen verlieren sie jede Furcht vor Mensch und Tier. Der Tod tritt entweder durch Lähmung der Atemmuskeln oder durch Blockierung des Nervensystems ein. Nur durch ausreichende Vorsichtsmaßnahmen konnte die Verbreitung der Krankheit eingedämmt werden.

Hauptüberträger der Tollwut ist der Fuchs.

Tetanus, ein in der Natur weit verbreiteter Bazillus, befällt hauptsächlich Tiere mit offenen Wunden. Man sollte deshalb nie ein verwundetes Tier in der Natur zurücklassen.

Sobald ein Verdacht für einen Krankheitsbefall gleich welcher Art besteht, trifft der Jäger Vorsichtsmaßnahmen und informiert auf schnellstem Wege den zuständigen tierärztlichen Dienst, um eine genaue Diagnose stellen zu lassen und entsprechend zu handeln.

Parasitäre Krankheiten

Parasitäre Krankheiten werden hauptsächlich durch parasitäre Würmer wie Nematoden, Zestoden oder Trematoden verursacht.

Der große Leberegel, Träger der Fasciolose, befällt vor allem Tiere, die sich an feuchten Plätzen ernähren. Dieser Trematode braucht zur Weiterentwicklung einen Zwischenwirt, in diesem Fall eine gemeine Schlammschnecke konischer Form. Der Parasit siedelt sich in den Gallenwegen an, nachdem er durch die Darmwand gewandert ist. Die befallenen Tiere haben einen schwachen Muskeltonus, sind oft abgemagert und befinden sich generell in einem schlechten Zustand. In schlimmen Fällen ist die Leber vergrößert und weist deformierte Gallengänge auf, die man beim Aufschneiden erkennen kann.

Rehe werden hauptsächlich von Bandwürmern (Zestoden) befallen. Diese sehr langen Plattwürmer (sechs bis zehn Meter) haben als Zwischenwirt eine Milbe (Oribatiden). Sie befallen in verschiedenen Formen je nach Art Leber, Darm und Muskeln. Einige Formen sind auf den Menschen übertragbar, meistens durch Hunde. Man wird immer Mühe haben, die Eingeweide von diesen Tieren zu befreien (Verbrennen, ungelöschter Kalk).

Die Palisadenwurmkrankheit (Strongylose), die durch kleine Fadenwürmer verursacht wird, ruft bei den befallenen Tieren eine schwere Magen-Darmentzündung hervor. Störungen bei der Gehörnentwicklung und Durchfall sind Alarmzeichen für den Heger. Mit diesen Darmerkrankungen geht meistens eine Lungenstrongylose einher.

Der Befall erfolgt über einen Zwischenwirt, zum Beispiel eine Schnecke oder Nacktschnecke, die sich unerwartet festgesaugt hat. Die Lungenwürmer rufen Bronchitis hervor. Die befallene Lunge zeigt kleine Knötchen und Flecken. Würmer in der Luftröhre und den Bronchiolen sind ein Alarmzeichen für den Beobachter.

Externe Parasiten

Hauptparasiten von Rehen sind Milben (Zecken), die in der Regel keinen direkten Einfluss auf den Gesundheitszustand der Tiere haben. Weitaus unangenehmer sind diese Parasiten für den Menschen, wenn er mit ihnen in Berührung kommt.

Häufig sind Dasselfliegen die Überträger. Sie legen ihre Eier in den Nasenlöchern der Tiere ab. Die sehr großen Larven (20 bis 40 Millimeter) entwickeln sich in den Nasenhöhlen und im Kehlkopf und bewirken einen spasmischen Husten. Ihre Vermehrung kann starke Atembeklemmung hervorrufen, in einigen Fällen auch eine schwere Infektion der oberen Atem- und Verdauungswege bedeuten.

Eine andere parasitäre Fliege kann bei den Cerviden eine schwere Hautkrankheit auslösen. Die geschlüpften Larven entwickeln sich zwischen Fell und Haut und verursachen teilweise schwere Hautverletzungen.

Die Spinnenfliege des Hirsches ist ein fast flügelloser Parasit und ähnelt einer dicken Laus. Sie tritt bei Cerviden häufig auf, ernährt sich von Blut, und in einigen Fällen kann sie den Gesundheitszustand bereits geschwächter Tiere stark verschlechtern. Das kleine Insekt stellt keine besonders großen Ansprüche an seinen Wirt und kann sich auch bei einem Jäger einnisten, der ein befallenes Tier berührt hat. Der Stich selbst ist harmlos, verursacht aber starken Juckreiz.

Da diese Aufzählung von Erkrankungen nicht vollständig ist, sollte immer, wenn es einen Zweifel über den einwandfreien Gesundheitszustand eines Tieres gibt, der Amtstierarzt informiert werden.

Bei Wildkrankheiten verlangt das Jagdgesetz vom Jäger höchste Aufmerksamkeit und Verpflichtung. Er muss das Wild vor Gefahren, vor allem vor Wildseuchen schützen. Beim Auftreten von Wildseuchen – Tollwut, Schweinepest – sind die zuständigen Behörden unverzüglich zu benachrichtigen. Außerdem ist der Jäger verpflichtet, schwerkrankes Wild umgehend zu erlegen, um dem Tier Schmerzen und Leiden zu ersparen.

Grundlage für solche Erkenntnisse ist ein umfangreiches Wissen über den Gesamtzustand des gesunden Wildes. Der Jäger sollte sich selbstverständlich ausreichend über die wichtigsten Wildkrankheiten und Tierseuchen informieren.

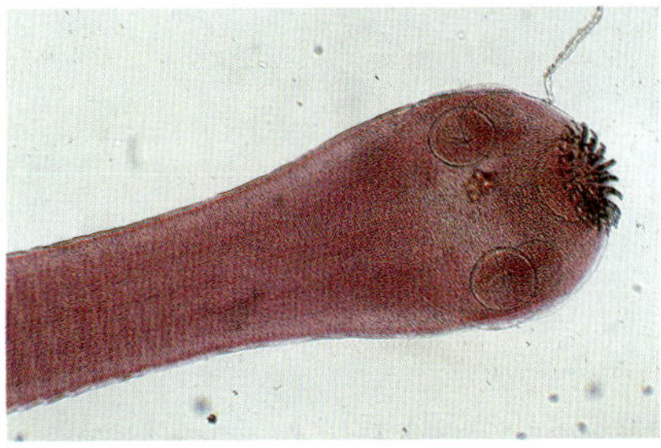

Bandwurm

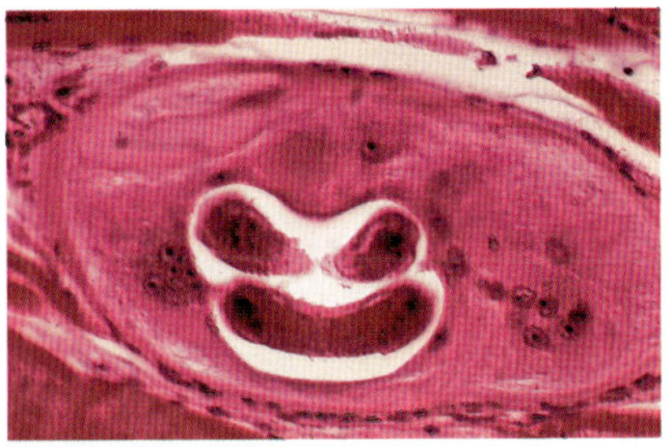

Intramuskulärer Parasit

Anzeichen für Rehwild

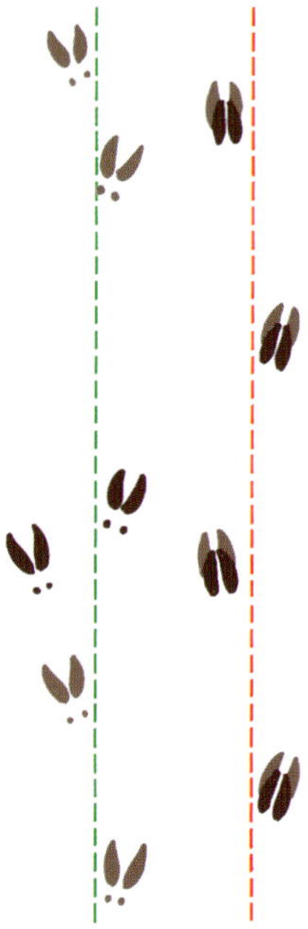

Fährten des Rehs

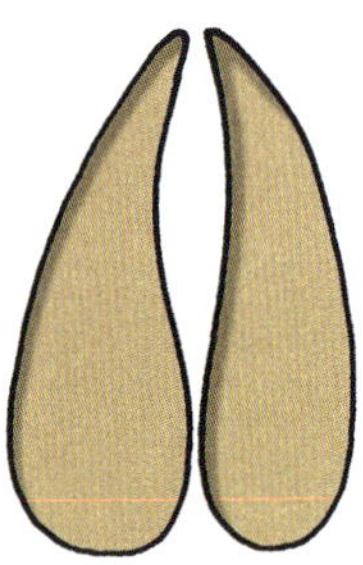

Vorderschale rechts

Die Schalen des Rehs sind kleiner als beim Hirsch und besitzen eine schmale, längliche Form.

Sicherlich ist das Reh sehr unauffällig, aber ein aufmerksamer Beobachter wird seine Anwesenheit leicht bestätigen. Außerdem wird der Rehbock jeden Eindringling, der die Frechheit besitzt, sein Revier zu betreten durch wütendes Schmälen begrüßen. Jetzt heißt es, sich nicht zu bewegen und geduldig abzuwarten. Er wird sich ganz von selbst zeigen, um herauszufinden, wer ihn gestört hat.

Tritt und Fährte

Die Anwesenheit eines Rehs ist meistens an seinem recht kleinen Tritt erkennbar (3 x 5 cm), der die Form eines Dreiecks besitzt. Er kann weder mit dem rechteckigeren Tritt eines jungen Wildschweins noch mit dem eines Hirschkalbs verwechselt werden. Letzerer ist viel größer und selten von dem der Hirschkuh getrennt. Der Tritt des Rehbockes ist entschieden größer als der Tritt der Geiß, was aber noch längst kein ausreichender Beweis für eine genaue Bestimmung ist. Die Fährte, d. h. der durchschnittliche Abstand der Tritte, beträgt in der Regel 8 bis 15 Zentimeter. Die Gangart oder die Länge der Schritte beträgt 30 bis 70 Zentimeter. Es gibt Jäger, die behaupten, Geschlecht und Alter allein an der Spur ablesen zu können. Mit einem großen Erfahrungsschatz kann das manchmal möglich sein. Sicher ist, dass die Chancen bei der Geschlechtsbestimmung 50 zu 50 liegen. Für die Altersbestimmung muss das Reh allerdings erst noch gefangen und das Gebiss untersucht werden.

Schlagstellen

Zur Reviermarkierung schlägt der Rehbock mit den Vorderläufen kleine Stellen des Bodenüberzugs ab. Die entstehenden freien Stellen heißen Schlagstellen. Am Revierrand sind die Schlagstellen zahlreicher, da sie ein wichtiges Zeichen für die Markierung der Reviergrenze sind.

Typische Abdrücke eines Rehs im Morast

Fegestellen

Zum Winterende und Frühlingsanfang markiert der Bock die Grenzen seines Territoriums, indem er aus den Stirndrüsen Duftmarken an der niederen Vegetation anbringt. Dafür wählt er Stämme aus, deren Durchmesser gut zwischen die Rosen passt. Durch Vorwärts- und Rückwärtsbewegungen reibt er die feine Rinde ab und bringt sein Duftsekret an.

Fegestellen

Neuere Untersuchungen haben gezeigt, dass die Wahl des Baums nicht zufällig ist. Bei Kiefern werden bevorzugt die Bäume mit kleinerem Durchmesser gefegt. Die Vegetation in dieser Parzelle ist ebenso von Bedeutung: Je dichter sie ist, um so weniger Fegestellen sind an den Bäumen zu finden. Rehe bewegen sich auf Wechseln und verfegen ihr Gehörn daher nur an Bäumen, die in der Nähe ihrer Wechsel stehen. Vielleicht werden junge Pflanzen aus diesem Grund nicht zu sehr beschädigt. Wie bei den Plätzstellen, treten auch die Fegestellen am Waldrand häufiger auf.

Die Plätzstellen

Schlagstellen und Fegestellen am gleichen Ort heißen Plätzstellen. Sie zeigen die Verteidigungsbereitschaft des Bockes an.

Die Losung

Die Losung, der Kot des Rehs, ist sehr charakteristisch und nur schwer mit der einer anderen Wildart zu verwechseln. Sie ist schwarz glänzend, hat eine gleichmäßige Form ähnlich kleiner Pastillen von 1 bis 1,5 Zentimeter Länge. Diese finden sich entweder als Haufen oder, was häufiger der Fall ist, verstreut. Farbe und Konsistenz variieren nach Jahreszeit; im Frühling ist der Kot weicher und nicht so sehr verstreut.

Das Lager

Das Lager ist der konkreteste Hinweise auf Rehwild und durch eine Vertiefung in der Vegetation zu erkennen. Das niedergedrückte Gras stellt sich allerdings schnell wieder auf. Die Wärme des Ruheplatzes, die mit der Hand erfühlt wird, sagt aus, dass das Lager erst kürzlich aufgesucht wurde. Das Reh ist also noch ganz in der Nähe und gerade gestört worden.

Die Gehörnstangen

Ab Oktober kann ein Beobachter mit viel Glück eine Abwurfstange finden. Ein klares Zeichen dafür, dass sich ein Reh in diesem Gebiet aufhält. Viel Zeit zum Suchen bleibt nicht, da das herabfallende Laub die kleinen Gehörne schnell bedeckt und sie dann von Nagern zerfressen werden.

Verbiss-Schäden werden auch von anderen Wildtieren wie Hase und Kaninchen verursacht.

Der Verbiss

Bei bestimmten Pflanzenarten kann der Verbiss des Rehs zur jeweiligen Jahreszeiten beachtlich sein. Mit viel Erfahrung kann man einen Verbissschaden eindeutig einem Reh zuordnen. Bei genauem Betrachten stellt man fest, dass der Abbiss bei Rehen nur undeutlich erkennbar ist, da es keine Schneidezähne am Oberkiefer wie etwa Hasen oder Kaninchen hat. Letztere können mit ihren Nagezähnen viel genauer abbeißen. Bei einem Hirsch oder einer Hirschkuh hingegen ist die Zuschreibung von Verbissspuren fast unmöglich.

Ein schönes Gehörn. Selten findet man eine Trophäe, die noch im Ganzen erhalten ist.

BESTANDSDYNAMIK

Die Zahl der in Deutschland lebenden Rehe nimmt stark zu. Forschungsberichte der Europäischen Kommission haben gezeigt, dass die Zuwachsrate einer nicht bejagten Population bei 70 bis 80 Prozent des Geißbestandes liegt, geschätzt nach der Jagdsaison und vor dem Setzen im März/April. Die Aufstellung eines Abschussplans erlaubt, ein ausgewogenes Verhältnis der Alters- und Geschlechtsverteilung zu bewahren. Er berücksichtigt sowohl die mögliche Sterblichkeitsrate im Winter als auch die jährliche Fruchtbarkeitsrate. Diese im Rahmen von Wildzählungen ermittelten Kriterien richten sich nach zahlreichen Faktoren wie der Aufnahmefähigkeit der Landschaft, möglicher Wilderei, den Klimabedingungen im Winter oder Krankheitsbefall.

Wissenswertes über die Bestandsdynamik

Führende Geiß beim Säugen

Die Untersuchung der Funktionsweise einer Rehpopulation bringt nicht immer eindeutige Ergebnisse, da diese Wildart unauffällig ist und oft geschlossene Landschaften besiedelt, was die Beobachtung erschwert. Bei der Ermittlung des jährlichen Bestandsanstiegs werden darüber hinaus verschiedene wichtige biologische Parameter hinzugezogen. Dazu gehört natürlich auch die Fruchtbarkeitsrate der Geißen, die bei 1,8 Embryos pro Weibchen liegt und bis auf 1,2 Embryos sinken kann, sowie das Verhältnis der an der Brunft teilnehmenden Geißen. Auf diese Weise soll die Fortpflanzungskapazität der Wildart ermittelt werden. Ein weiterer, recht entscheidender Faktor ist die Überlebensrate der Tiere.

Bei einem Kitz variiert sie je nach Witterungsbedingungen im Frühling zwischen 50 und 90 Prozent. Die für erwachsene und subadulte Rehe ermittelte Rate liegt bei 80 Prozent für Böcke und 90 Prozent für Geißen. Dies lässt darauf schließen, dass das klassische Schema eines ausgeglichenen Geschlechtsverhältnisses (1:1), also ein Bock pro Geiß, kaum eingehalten und sehr häufig ein leichtes Ungleichgewicht der Geschlechter zu Gunsten der Weibchen (1:1,2) beobachtet wird.

Die Anwendung dieser vier genannten Parameter ist unentbehrlich, um die Struktur und Entwicklung innerhalb einer Rehpopulation besser analysieren zu können. Sie sind sicherlich wichtiger als die im Rahmen von Wildzählungen gemachten Beobachtungen, die nur ein punktuelles Bild der Situation wiedergeben.

Die Änderung eines dieser vier Parameter hat einen deutlichen Rückgang oder Anstieg des jährlichen Multiplikationsfaktors zur Folge,

Studien, die in Frankreich – und hier insbesondere in den Naturschutzgebieten Chizé und Trois-Fontaines – sowie in verschiedenen anderen europäischen Ländern zum Thema Bestandsdynamik durchgeführt wurden, zeigen das gleiche Ergebnis: Die Zuwachsrate einer nicht bejagten Rehpopulation liegt bei 70 bis 80 Prozent des Geißbestandes, geschätzt nach der Jagdsaison und vor dem Setzen im März/April.

Dieses klassische Schema, beinahe ein Lehrsatz, erlaubt jedoch nur die grobe Erfassung der komplexen Funktionsweise einer Rehpopulation. Die Entwicklung des Gesamtbestandes, die Verteilung der Geschlechter (Geschlechtsverhältnis) und das durchschnittliche Alter unterliegen im Laufe der Jahre allerdings starken Schwankungen.

Führende Geiß mit Kitz

der dann zwischen 1,25 und 1,40 liegt. Es soll noch einmal betont werden, dass naturgebundene und klimaabhängige Faktoren die Entwicklung bestimmter Tierseuchen und die Aufnahmefähigkeit einer Landschaft spürbar beeinflussen.

Denn alle ermittelten Zahlen können beachtlich variieren, wenn die Tiere Beeinträchtigungen erfahren, die nicht »übernatürlicher« Art sind, sondern durch menschliches Eingreifen verursacht wurden.

Verluste durch Unfälle

Wachsende Rehpopulationen erhöhen die Zahl der tödlichen Unfälle oder der von natürlichen Feinden getöteten Tiere drastisch. Die drei wesentlichen Unfallquellen, die Jagd einmal ausgenommen, sind Landwirtschaft, Straßenverkehr und Ertrinken. Ursache für landwirtschaftliche Unfälle sind die schnellen Erntemaschinen (Hächsler oder Silofutterhächsler). In bestimmten Regionen mit hoher Grünfutterproduktion zur späteren Trocknung sind die Verluste ganz junger Kitze besonders deutlich (Setzen in Luzernenfeldern). Durch Mähdrescher verursachte Unfälle sind weniger häufig, da die Kitze im Sommer »mobiler« sind. Möglichkeiten zur Vorsorge gibt es fast nicht, die Größe der Anbaugebiete und die schnelle Durchführung der Erntearbeiten lassen nur wenig Zeit, die Kitze in ihren Verstecken ausfindig zu machen.

Verkehrsunfälle sind ein weiterer bedeutender Sterblichkeitsfaktor. In einigen Bezirken mit hohen Wilddichten sind Rehe, die zu jeder Tages- und Nachtzeit in Erscheinung treten, sowohl freudige Naturereignisse als auch potenzielle Gefahrenträger. Ein Zusammenstoß geht für ein Reh immer tödlich aus, während das Fahrzeug kaum beschädigt wird. Schlimmer können die möglichen Verletzungen der Autoinsassen ausfallen. In Revieren mit durchgehenden Straßen hat die Zahl der Unfälle auch gra-

Das traurige Ende eines unvorsichtigen Rehs!

Begegnungen mit Jungwild sind in der freien Natur äußerst selten.

vierenden Einfluss auf die zu erstellenden Abschusspläne.

Unfälle durch Ertrinken ereignen sich hauptsächlich in Bewässerungsanlagen (Kanäle und Reservoirs). Die betonierten und steil abfallenden Ufer ohne befestigte Ausstiege sind oft tödliche Fallen.

Konkurrenzverhalten innerhalb eines Bestandes

Es kommt auch vor, dass Wildschweine Rehkitze erbeuten.

Zu hohe Bestandsdichten sind in jeder Tierpopulation für die Arterhaltung äußerst schädlich. Das Nahrungsangebot verringert sich, und die schlecht ernährten Geißen liefern wenig Milch und damit auch wenig Grundimmunität an ihre Kitze. Die Neugeborenen bzw. Jungtiere sind dann sehr anfällig gegen schlechtes Wetter, Parasiten und Infekte. Die Sterblichkeitsrate bei jugendlichen Tieren kann bei 40 Prozent liegen. Ebenfalls sind starke Abwanderungstendenzen junger Böcke, die neue Territorien finden wollen, und starker sozialer Stress innerhalb des Sprungs zu beobachten.

Insgesamt begünstigt eine zu hohe Wilddichte zahlreiche parasitäre Erkrankungen, zum Beispiel den Befall durch den großen Leberegel. Die Abschusspläne sollten dieses Problem berücksichtigen und entsprechend angepasst werden.

Konkurrenz mit anderen Wildarten

Auch wenn Reh und Wildschwein relativ gut miteinander auskommen, obwohl letzteres auch ein neu geborenes Kitz aufgreifen kann, wird ein Hirsch von Rehen nur schwer geduldet. Die Tatsache, dass Rehe in stark von Hirschen besiedelten Territorien weniger vertreten sind, liegt aber wohl eher an der mangelnden Vielfalt und Zugänglichkeit der Nahrung als an wirklichem Konkurrenzdenken. Ein Hirsch kann die für Rehe unerreichbaren Vegetationsschichten äsen und begnügt sich mit einer weniger großen Vielfalt. Er verbeißt eher, als dass er pflückt.

Beutegreifer

Die Zahl der von Beutegreifern erfassten Rehe ist nicht sehr groß, denn die großen natürlichen Feinde treten nicht besonders oft in Erscheinung und sind relativ ortsgebunden. Wildernde Hunde sind hier in Zahl und Verteilung sicher an erster Stelle zu nennen, auch wenn das Reh ihnen in der Regel entkommen kann.

In der Nacht lauert die Gefahr überall.

Zu den traditionellen Beutegreifern gehört der Fuchs. Für die weiteren Feinde wie Luchs und Wolf, die in Deutschland nicht mehr heimisch sind, sind Rehe die optimale Beute – wie geschaffen für Körpergröße und Jagdverhalten dieser Beutegreifer. Auch Wildschweine werden unter bestimmten Umständen zu Raubtieren, vor allem für gleich nach dem Setzen abgeschirmte Kitze. In den Bergen ist das Kitz eine gute Beute für den Steinadler. Er begnügt sich aber oft mit einem Tierkadaver.

Klimatische Bedingungen

Rehe sind außerordentlich winterhart. Sie kommen mit tiefen Temperaturen und hohen Schneelagen recht gut zurecht. In extremen Frostperioden mit festen Schneedecken allerdings werden die Grundnahrungspflanzen für Rehe, wie Süßgräser und Strauchvegetation, manchmal schlicht unerreichbar. Wenn sich die Kältephase hinauszögert, können vor allem bei den sehr jungen und alten Tieren Todesfälle beobachtet werden. Um solche Verluste zu vermeiden, schreibt das Jagdgesetz in Notzeiten Winterfütterungen vor. Den Tieren sollte Kraftfutter als Grundersatznahrung sowie Nassfutter, um Verbissschäden zu vermeiden, zur Verfügung gestellt werden. Es bleibt dennoch eine Ausnahmesituation für Rehe.

Im Juni, kurz nach dem Setzen, reagiert das Kitz sehr empfindlich auf Kälte- und Regenperioden, insbesondere auf starke Niederschläge. Raues Klima schwächt die Tiere und macht sie anfällig für verschiedene, vor allem parasitäre Krankheiten, die Leberegel, Lungenwürmer und Dasselfliegen verursachen.

Ein Steinadler auf einem Rehkadaver

Der Wolf durchstreift wieder einen Teil der alpinen Gebirge. Einzelne Tiere sind im Bayerischen Wald an der Grenze zu Böhmen gesichtet worden.

Störungen

Unumstritten gehören Störungen zu den wichtigsten Ursachen für einen Bestandsrückgang. Sie können sogar die komplette Aufgabe eines Reviers provozieren. Zu viel Unruhe wirkt sich insbesondere in den Wintermonaten negativ aus. Wird das Reh etwa durch Skilangläufer aufgeschreckt, verbraucht es auf der Flucht sehr viel Energie und baut überlebenswichtige Feistreserven ab.

Es kann außerdem passieren, dass während der Setzzeit permanent gestörte Tiere ihre Jungen zurücklassen.

Neu und nicht ohne Bedeutung sind die Störungen der Wildtiere durch Jogger und Mountainbike-Fahrer, vor allem in den Morgen- und Abendstunden. Besonders die Mountainbike-Fahrer nutzen die verstecktesten Wege, die häufig durch die Einstände des Wildes führen, um all ihr körperlichen Fähigkeiten auszutesten.

Auf Heißluftballons reagiert Schalenwild besonders heftig, wenn diese zu niedrig fahren. Das Geräusch beim Zünden der Heizflamme ist für das Wild unbekannt und veranlasst es zur panischen Flucht.

Solche und viele andere Störungen während des Tages zwingt das Wild zu einer verstärkten Nachtaktivität.

Der Luchs gehört zu den natürlichen Feinden des Rehs und kann bis zu ein Tier pro Woche schlagen.

Bestandshege

Erfreulicherweise entwickelt sich die Jagd immer mehr dahingehend, das Wild nicht nur zu schießen, sondern ein vernünftiges Maß der Selektion zu finden. Dass Jäger viel Wert auf Traditionen legen, ist ja allseits bekannt, und sie erfinden sie auch! Hier gilt es noch viel Starrheit und Zögerlichkeit zu überwinden. Was nützt das Wissen um die Biologie und Verhaltensweise des Rehs, wenn es nicht dazu eingesetzt wird, wirksame und konsequente Methoden und Verfahren für seine Hege zu entwickeln? Die Umsetzung dieser hehren Ziele mit den entsprechenden Mitteln sollten dem Heger überlassen werden. Hier sei vor allem darauf hingewiesen, dass sich eine einfache Methode durch ihre Effizienz und Durchführbarkeit auszeichnet und dadurch, dass sie die natürliche und menschliche Umgebung berücksichtigt. Wenn diese Kriterien nicht erfüllt sind, ist sie zum Scheitern verurteilt und für die Wildart oft schädlicher als der Status quo.

»Formalisten«, die es in der Jägerei in allen Ausprägungen gibt und die oft auch lobenswerte Absichten besitzen, erteilen ihre eigenen Ratschläge oder sogar Anordnungen zur richtigen Hege von Rehpopulationen. Natürlich sollten sie nicht ignoriert werden, aber es wäre klug, einen Gedanken erst von allen Seiten zu betrachten, bevor daraus ein undurchsichtiger Plan entwickelt wird. Dabei sollte man auch berücksichtigen, dass für ein bestimmtes Problem immer auch eine passende Lösung gefunden werden muss. Die Feinheiten zwischen dem, was erreicht werden soll und dem was möglich und vernünftig erscheint, sind oft schwer zu erkennen. Meistens sind die gängigen Theorien unglaublich realitätsfremd und können höchstens in einigen wenigen Sonderfällen in Naturschutzgebieten eingesetzt werden. Die einfache Jagd, so wie wir sie schätzen, sollte darum bemüht sein, sich der Entwicklung der Rehwildart anzupassen, ohne dabei ihre Seele zu verlieren.

Die Rehwildhege besteht aus vier wichtigen Maßnahmen: Bestandsermittlung in einem Revier nach Ende des Winters (Gesamtzahl der ausgewachsenen Tiere) und nach der Setzzeit, Aufstellung eines zahlenmäßigen Abschussplans auf der Grundlage dieser Bestandsermittlung, Festlegung eines qualitativen Abschussplans nach Geschlecht und Altersklassen, um die Entwicklung ausgewogener Populationen zu fördern, und Ausarbeitung von Abschusskriterien anhand dieser Prinzipien.

Eine abwechslungsreiche Landschaft, Waldgruppen umgeben von Wiesen, ist das ideale Biotop für Rehe.

Klappmesser

Schuss auf der Pirsch über den Zielstock

Beobachtung des Bestandes

Typisches Trittsiegel eines Rehs im harten Boden

Entwicklung im Jagdgebiet

Wie entwickelt sich ein Rehwildbestand in einem Jagdrevier? Wie setzt er sich zusammen? Das sind die ersten zu beantwortenden Fragen für die Erstellung eines vernünftigen Hegeplans. Wenn auch die genaue Zahl der Tiere nicht bekannt ist, so sollte zumindest deren Entwicklung verfolgt werden. Einfache und wirksame Zählmethoden gibt es jedoch kaum. Alle Methoden sind schwer durchzuführen und nicht unbedingt zuverlässig. Natürlich hat der Jäger oder der Eigentümer eines Jagdreviers eine ungefähre Vorstellung von der Größe des Rehbestandes in seinen Wäldern. Diese Zahl entspricht allerdings häufig den Beobachtungen (tatsächliche und vermeintliche) während der Jagd und ist daher oft verfälscht oder zu hoch. In vielen Fällen sieht der Jäger vom Bestand nämlich nur das erlegte Wild, der Rest bleibt ihm verborgen! Außerdem ist bekannt, dass Schwarzwildjäger für Rehe nur eine schlechte Wahrnehmung haben und von einer objektiven Sicht dieser Wildart weit entfernt sind.

Die Wildzählung im Scheinwerferlicht ist in Deutschland nicht erlaubt.

Jede Wildart besitzt ihr eigenes Revierverhalten. Die Methoden zur Erfassung und

Diese Hecke wird sicher bald von Rehen verbissen werden.

Schätzung sollten daher artgerecht, d.h. hier, speziell für Rehe entwickelt sein. Jedes Verfahren verlangt Genauigkeit und Methodik und ist nur dann wirksam, wenn es über längere Zeit hinweg verfolgt und regelmäßig erneuert wird. Auf jeden Fall sollte man eher darum bemüht sein, die Entwicklung des Bestandes zu verstehen und mitzuverfolgen. Viel Geduld durch sorgfältiges Beobachten im Frühjahr wird bei einer Bestandsfestlegung von großem Nutzen sein.

Biologische Indikatoren

Die Hege der wildlebenden Paarhufer erfordert eine zahlenmäßige und qualitative Bestandsermittlung der Populationen und die Einschätzung, ob diese mit ihrer natürlichen Umgebung im Gleichgewicht stehen. Die Zählung von Cerviden ist nicht leicht, da die Verfahren schwerfällig und unzuverlässig sind. Aus diesem Grund ist man zur Zeit in Frankreich dabei, mit Hilfe von biologischen Indikatoren, kurz Bio-Indikatoren, ein neues Konzept zu entwickeln. Sie wurden speziell für Rehe entwickelt und an ihnen getestet.

Bei diesem Verfahren werden biologische Parameter ermittelt, die das Verhältnis des Tieres zu seiner Umgebung sowie ihre Dynamik berücksichtigen. Rehe integrieren die Informationen ihrer Umgebung, umgekehrt verändert sich die Umgebung durch die angesiedelten Tiere in einem gewissen Grad. Schäden an Kulturen oder Forstpflanzungen können zudem tiefgreifende Veränderungen erforderlich machen, zum Beispiel Umzäunungen, die zu einer hässlichen Zersiedelung der Landschaft führen.

Die Ermittlung des Verhältnisses Tier-Bestand-Umgebung gibt Anlass zu der Hoffnung, dass es nach Untersuchung einer oder mehrerer dieser Komponenten möglich ist, den Zustand und die Dynamik der beobachteten Population festzustellen. Ein Bio-Indikator ist daher für Tiere oder Pflanzen ein wichtiger Parameter, der sich leicht und mühelos ermitteln lässt und dessen Entwicklung von der des Systems Tier-Bestand-Umgebung abhängt. Die Bio-Indikatoren entstammen folgenden Disziplinen und halten eine Fülle an Informationen bereit: Ethologie, Ökologie, Physiologie, Parasitologie und Bestandsdynamik. Dies mag zwar sehr kompliziert klingen, aber einem interessierten Jäger, der bemüht ist, im Einklang mit den Gegebenheiten seines Reviers zu jagen, werden die Zusammenhänge dadurch klarer und verständlicher erscheinen.

Quantität und Qualität der Informationen erlauben das Erstellen einer Diagnose für die Gesamtentwicklung des Bestandes und des besiedelten Gebietes. Entscheidend ist das Zusammenwirken der gemessenen Parameter über einen langen Zeitraum. Neben der Beschreibung der aktuellen Situation geben die

Ein Rehbock zieht zur Äsung.

Sonnenuntergang über einer Heckenlandschaft; jetzt äsen Rehe gerne auf den Feldern.

Dieser Bock hat eine Rosenstockverletzung davongetragen, wodurch eine Bendelstange entstand.

Kriterien zudem Aufschluss über die Geschichte und Entwicklung des Systems.

Bio-Indikatoren sind demnach sehr einfach handzuhabende Bemessungsgrundlagen, die für jedermann zugänglich sind und ein Minimum an organisatorischem Aufwand, Bereitschaft und gutem Willen erfordern.

Der Fruchtbarkeitsindex

Der Fruchtbarkeitsindex und die Erfolgsrate bei Fortpflanzungen sind gute Indikatoren für die Produktivität. Dabei wird die Anzahl der Kitze pro weibliches Tier innerhalb des Bestandes ermittelt. Sobald die Rehdichte zunimmt, verringert sich die durchschnittliche Anzahl der Jungen pro erwachsenes Weibchen. Einige Erkundungsgänge im Frühjahr reichen aus, um die Zusammensetzung der Sprünge festzustellen. Das ist keine lästige sondern eine angenehme und nützliche Aufgabe.

Sobald die Rehdichte zunimmt, erfährt auch die Größe und Zusammensetzung des Sprungs im Winter eine Steigerung. Gleiches gilt für die Anzahl der Rehe pro Einheit. Die Zusammenschlüsse ausgewachsener Tiere, die für gewöhnlich selten sind, steigen ebenfalls mit der Gesamtdichte. Erkundungsgänge sind deshalb das ganze Jahr hindurch notwendig.

Die Äsungsrate

Die Äsungsrate, im besonderen die Aufnahme von bisher wenig geästen Pflanzen, kann auf das Wachstum eines Bestandes hinweisen. Die Beobachtung muss hier noch zielgerichteter und genauer sein, aber als Kenner seines Reviers wird ein Jäger diese Entwicklung schnell bemerken.

Ein Jäger, der sein Revier hegt, muss über dessen Pflanzen und Bäume genau Bescheid wissen. In unserem Nachbarland Frankreich wurde ein standardisiertes Verfahren zur Feststellung der Äsungsrate entwickelt. Es erlaubt, auf ausgewählten Flächen die Häufigkeit von Holzpflanzen oder Halbholzpflanzen und ihre Äsung durch Rehe zu kontrollieren. Die Methode setzt Disziplin und genaue Kenntnis der örtlichen Flora voraus, was ihre Durchführung erschwert. Die erzielten Ergebnisse bieten aber reiches Informationsmaterial. Forstfachleuten, die für diese Maßnahmen ausgebildet wurden, wird es eine Freude sein, einen Jäger in die Materie einzuweisen. Auszubildende der Fachberufe könnten hier Praktika absolvieren, was ihre Motivation und Gewissenhaftigkeit steigern und ihnen sonst nur schwer zugängliches Wissen vermitteln würde.

Das Gewicht

Das Gewicht des aufgebrochenen Stückes, vor allem von Tieren, die bei der Bejagung jünger als ein Jahr sind, verringert sich um so mehr, je höher die Bestandsstärke ist. Die Gewichts- und Altersbestimmung aller erlegten Tiere wird daher unvermeidlich. Die Balken- oder Federwaage zusammen mit einem guten Zahnschema sind genauso unerlässlich wie Messer und Plastikbeutel! Hier wird die Bedeutung und der Nutzen der Streckenliste deutlich, um die Entwicklungen über einen längeren Zeitraum hinweg verfolgen zu können.

Die Parasitenrate

Die Parasitenrate und der Zustand der Mast (Nierenfett) sind Anzeichen für das gute Funktionieren innerhalb der Einheit Bestand-Umgebung. Rehe, deren Nieren gut im Fett liegen, befinden sich zweifellos bei bester Gesundheit.

Ein stolzer Jäger vor seinem erlegten Sechserbock

Abziehen der Decke nach der Jagd

Diese Anzeichen sollten Jahr für Jahr überprüft und erlegtes Wild regelmäßig genauen Gesundheitskontrollen unterzogen werden.

Erfüllung des Abschussplans

Leichtigkeit und Schnelligkeit bei der Erfüllung von Abschussplänen könnten Aufschluss über den Stand der Population geben. Dies gilt zweifellos in Fällen hoher Bestandsdichte und bei großen Strecken. Der Jäger muss sich allerdings an die Spielregeln halten. In vielen Gegenden, in denen das Reh insbesondere in Konkurrenz zum Wildschwein steht, ist es zur Gewohnheit geworden, sich Rehe für den Schluss aufzuheben, denn es ist ja noch genügend Zeit, den Abschussplan zu erfüllen. Am Ende kommt dann schlechtes Wetter dazwischen, und der Erfolg bleibt aus, obwohl durchaus noch Rehe zu schießen wären. Hier muss vieles noch einmal überdacht werden, und man täte gut daran, sich diesen Fragen zu stellen.

Es ist vielleicht nicht einfach, all dies in die Tat umzusetzen, aber der Jäger wird nur anhand möglichst vieler Informationen die Bedeutung des Verhältnisses Tier-Bestand-Umgebung als wichtigen Bestandteil in die Hege seines Reviers integrieren können.

Beobachtung des Bestandes

Die feste Schneedecke hindert das Reh an der Nahrungssuche.

Der Kilometer-Kontakt-Index

Abgesehen von den genannten Beobachtungsarten gibt es in Frankreich noch ein weiteres informationsreiches Verfahren, den Kilometer-Kontakt-Index.

Dieser Bio-Indikator ist einfacher als die traditionellen Zählmethoden. Es handelt sich um ein relativ zuverlässiges Verfahren zur Beobachtung der Bestandsentwicklung von Rehen über mehrere Jahre hinweg. Das Prinzip besteht darin, dass sich ein Beobachter in einer bestimmten Umgebung in gleichmäßigem Tempo fortbewegt und so eine gewisse Wahrscheinlichkeit besteht, Rehe auszumachen. Jede Beobachtung eines Wildkörpers ist ein »Kontakt«. Es geht darum, die Zahl der Kontakte mit der Anzahl der zurückgelegten Kilometer in Beziehung zu setzen, unter der Voraussetzung, dass das gleiche Protokoll, wie im Folgenden beschrieben, konsequent während der gesamten Beobachtungszeit verwendet wird. Die Wahl der zu durchlaufenden Wege und die verschiedenen Verfahrensarten müssen standardisiert sein.

Dieser Bock ist sehr unvorsichtig!

Nach Festlegung der zur Hegeeinheit erklärten Zone, die sich nicht nur auf das eigene Jagdrevier beschränken muss, wird ein aus mehreren Rundstrecken bestehendes Netz erstellt (Kartographie). Diese sollten gleichmäßig verteilt sein, um eine homogene Abdeckung des Geländes zu gewährleisten. Bei gleichzeitigen Beobachtungsgängen auf den verschiedenen Rundstrecken müssen diese ausreichend voneinander entfernt sein, um Doppelzählungen zu vermeiden. Die Länge einer Rundstrecke beträgt ungefähr vier Kilometer.

Die Rundstrecke hat die Form eines Ringes und passt sich an die festen Komponenten Straßen, Wege, Wildpfade und Orientierungspunkte an. Überschneidungen und Rückwege werden vermieden. Jeder Beobachter geht jährlich viermal die gleiche Rundstrecke ab. Auch wenn bei einer großen Zahl an Rundstrecken die Genauigkeit der Ergebnisse steigt, sinken die Möglichkeiten, das gesamte Streckennetz noch einmal abzugehen um die gleiche Anzahl der Beobachter.

Die Rundgänge werden zwischen dem 1. Januar und dem 31. März durchgeführt. Dies hat folgende Gründe:

– Maximale Sichtbarkeit, da Strauch- und Krautpflanzen noch nicht wieder wachsen.

– Die Tiere leben auf kleinem Raum, und die Unterscheidung der Geschlechter ist deutlicher.

Außerdem ist die zeitliche Aufteilung der Rundgänge wichtig, um den Einfluss des Klimas so gering wie möglich zu halten. Die Rundstrecken werden morgens und abends in den drei Stunden nach Sonnenaufgang und vor Sonnenuntergang abgelaufen. Diese Zeiten sind die Hauptaktionsphasen der Rehe. Es sollten morgens und abends gleich viele Rundgänge durchgeführt werden, und die Rundstrecke sollte einzeln abgelaufen werden. Das Gehen muss gleichmäßig sein, und es darf keine Unterbrechung geben, abgesehen von den notwendigen Pausen, wenn die Tiere bestätigt und die Ergebnisse im Protokoll notiert werden.

Es ist zwar von Vorteil, aber nicht zwingend erforderlich, dass jedes Jahr die gleichen Beobachter unterwegs sind. Man muss auch kein Experte sein, um solche Prozeduren durchzuführen, aber jeder Jäger sollte mit der Beobachtungstechnik vertraut und in der Lage sein, die Tiere in Geschlecht und Status zu unterscheiden. Die Richtigkeit und der optimale Einsatz der erzielten Ergebnisse hängen von der Disziplin und Zuverlässigkeit bei der Durchführung der Beobachtungen ab. Der Beobachter ist mit einer Uhr, einem Fernglas und einem Erhebungsbogen ausgerüstet, der auf der Rückseite eine Karte im Maßstab 1:25 000 zeigt. Jeder Kontakt erhält eine Ordnungsnummer, die auf der Karte beobachtungsgetreu eingetragen wird. Abgesehen von Ort, Datum und Stunde werden das Tier oder die Tiere mit ihren Merkmalen vermerkt. Jäger und Förster arbeiten zusammen, um ein optimales Beobachtungsergebnis zu erzielen.

Die Durchführung dieses Verfahrens erfordert einen hohen Einsatz an Personal. Das ist zwar vorhanden, aber hier muss noch Überzeugungsarbeit geleistet werden. Jeder weiß, dass es in Sachen Jagd immer leichter ist, 40 Schützen für eine Treibjagd zu bekommen als zehn Leute, die Wildpfade abfährten! Für das Zählen braucht man also viel Vertrauen und Überzeugungskraft, aber wir sollten optimistisch sein – alles ist möglich, um so mehr, als auch am Ende einer Zählung ein geselliges Beisammensein stattfinden kann.

Das Zähltreiben

Eine andere, nur in Frankreich praktizierte Methode zur Ermittlung der Bestandsdichte ist das Zähltreiben. Dabei geht es darum, die ansässigen Tiere aus einem vorher festgelegten Kreis zu treiben und beim Hinaustreten zu zählen.

Das betreffende Gelände wird nach Topografie und Wechselmöglichkeiten in Abteilungen von maximal einigen Dutzend Hektar aufgeteilt. Jede Abteilung wird von Treibern in Reihen durchkämmt, mit dem Ziel, die Tiere in Bewegung zu setzen, ohne sie zu sehr zu beunruhigen. Die Treiber notieren sorgfältig, wie viele Tiere aus dem Kreis hinein- und herauswechseln. Im Voraus eingeteilte Beobachter beziehen am Rand und an strategischen Plät-

Aufbruch zu einem Erkundungsrundgang

Beobachtung des Bestandes

Der Rehbestand bei unseren Nachbarn

Über Rehe, ihren Bestand und ihre Bejagung herrschen in vielen Ländern Europas die unterschiedlichsten Ansichten. In England etwa wird der Jagd auf Rehwild wenig Bedeutung geschenkt, obwohl im Südwesten des Landes die Rehwildbestände sehr hoch sind. Die meisten Rehe, vor allem Böcke, werden von Gastjägern aus dem Ausland erlegt. Die Nutzung steht den Farmern zu, die den Abschuss verkaufen. In Deutschland nehmen die Rehwildbestände trotz intensiver Bejagung leicht zu. Stürme wie »Wiebke« und »Lothar« schufen in den Wäldern optimale Freiflächen, die schnell begrünen und dem Wild sicheren Schutz und gute Äsung bieten.

zen (Kreuzungen, Lichtungen oder Wege) Stellung, um alle Bewegungen der aus dem Kreis hinaus- oder hereinwechselnden Tiere zu notieren. Jeder Kontakt wird sorgfältig in einer mitgeführten Karte so genau und detailliert wie möglich eingetragen (Nummer, Geschlecht, Klasse, Stunde und Richtung), um dadurch möglichst eine Doppelerfassung zu vermeiden.

Diese Zählmethode wird vorzugsweise am Winterende oder Frühlingsbeginn durchgeführt, bevor die Blätter wieder zu wachsen beginnen und die Chancen, große Sprünge auszumachen, am höchsten sind. Die Zählung findet idealer Weise in den beiden Stunden nach Sonnenaufgang und vor Sonnenuntergang statt.

Da dieses Verfahren nur eine Momentaufnahme des Bestandes wiedergibt, ist sie mit Vorsicht zu genießen, denn nicht alle Tiere werden ausgemacht. In Frankreich werden die Ergebnisse dieses Verfahrens durch die des Kilometer-Kontakt-Indexes sinnvoll ergänzt.

Insgesamt ist das Zähltreiben eine schwerfällige Methode, die fast einer militärischen Aktion gleichkommt. Manchmal sind zur Durchführung an die 100 Personen erforderlich. Diese Bestandsermittlung wird nach Möglichkeit durch Zählungen während der Brunftzeit vervollständigt, Störungen des Wildes werden weitestgehend vermieden. Die Tiere werden entweder durch direkten Kontakt oder durch Verhören ermittelt. In nicht allzu ferner Zukunft wird es sicherlich möglich sein, die Lautäußerungen von Rehen mit Parabolantenne und Kassettenrekorder aufzunehmen, denn in der Blattzeit sind sie recht »geschwätzig«. Die so gewonnenen Informationen liefern dann zusätzliche Details über Zahl und Ort der an der Brunft beteiligten Rehe.

Je nach Topografie des Geländes und mit Zustimmung der Jagdbehörden können in Frankreich im Scheinwerferlicht durchgeführte Zählungen das bereits vorhandene Material noch ergänzen. In regelmäßigen Abständen werden Strecken durchkämmt, auf denen sich die von Rehen bevorzugten Plätze (Lichtungen, Einschläge, Wildacker, Waldränder) befinden. In Deutschland allerdings sind Zählungen im Scheinwerferlicht strikt verboten, da sie das Wild unnötig aufschrecken würden.

All diese sorgfältig aufgezeichneten Zahlen ergänzen die im Laufe der Rundgänge in der Zwischensaison ermittelten Informationen, insbesondere die des Jagdhüters, der die Gewohnheiten des Rehs besser als kein anderer kennt. Dennoch darf nicht vergessen werden, dass der höchste Wissensstand über den Bestand erst durch Fortschreiben über mehrere Jahre hinweg erreicht ist.

In den offenen Landschaften Frankreichs werden Rundstrecken mit dem Auto abgefahren bzw. können Beobachtungen auch von einem festen Standpunkt aus gemacht werden. Die Sichtbarkeit ist auf dem Feld besser als im Wald, und man könnte denken, dass die Ergebnisse schlechter ausfallen. Das ist zweifellos auch richtig, aber die Erfahrung zeigt, dass viele Tiere der Wachsamkeit des Beobachters entkommen. Auch hier wird die regelmäßige Wiederholung die beste Garantie sein. Die gesichteten Tiere werden dann nach den gleichen Kriterien des Zähltreibens oder des Kilometer-Kontakt-Indexes gezählt.

Rehe sind regelrechte Akrobaten und überfliehen Zäune in einem Satz.

Aufnahmekapazität

Nachdem nun in einem Revier die Größe eines Bestandes so genau wie möglich bestimmt worden ist, sollte man sich vergewissern, dass er auch für eine Bejagung stark genug ist und sich Baumbestände sowie andere Kulturen in guter Verfassung befinden. Das heißt, es muss ein guter Austausch zwischen Jägern und Förstern gewährleistet sein. Der Wildbestand sollte entsprechend der tatsächlichen Anzahl der Tiere gehegt werden und nicht wie so oft nach der im Revier vermuteten Menge an Tieren.

In den Hegeplänen der Jagdfachleute tauchen in der Regel zwei Begriffe zur Bestimmung der Wilddichte auf: die biologisch tragbare Dichte, die einem idealen Gleichgewicht zwischen Tier und Umwelt entspricht, und die ökonomisch tragbare Dichte, die weitaus zufallsbedingter ist, weil sie den Begriff Ökonomie direkt mit einbezieht. Je nach dem jeweiligen Gesprächspartner werden die Grenzen unterschiedlich gezogen. Das heißt, je nachdem, ob man nun Förster oder Jäger ist, gehen die Meinungen auseinander.

Die Aufnahmekapazität einer Umgebung hängt also in bestimmter Hinsicht davon ab, wie viele Tiere ein Gebiet aufnehmen kann, ohne dass Schäden verursacht werden, die einen Fortbestand des Lebensraumes gefährden können. Selbstverständlich werden sensible, angrenzende oder eingeschlossene Kulturen dabei berücksichtigt. Um die Aufnahmefähigkeit zu bestimmen, müssen mehrere Parameter einbezogen und zusammengefügt werden. Dazu gehört einerseits die Lebensweise der vorhandenen Wildarten. Auf ein und demselben Territorium können verschiedene Arten wildlebender Paarhufer ansässig sein (Hirsch, Mufflon, Gams, Reh, Wildschwein) ebenso wie domestizierte Arten auf freien Äsungsplätzen zu finden sind, die ab einem gewissen Grad mit dem Reh konkurrieren. Man muss also die Nahrungsquellen jeder Wildart und ihre Bedürfnisse genau kennen. Andererseits sollte die Umgebung ausreichend Schutz bieten, d. h. gut verteilte und dauerhafte Zufluchtszonen (Dickung) mit einem Höchstmaß an Ruhe bieten.

Ein schönes Trio mit zwei jungen Böcken

Um die Möglichkeiten des Reviers präzise ermitteln zu können, sollte zunächst eine sehr genaue Bestandsaufnahme erfolgen. Dazu wird ein Kartogramm erstellt, auf dem Art und Alter der verschiedenen Baumbestände und folgende Punkte exakt verzeichnet sind: Straßenlänge, Wege und Schneisen (Gras), die Größe der Lichtungen, Wildäcker und der Waldrandgebiete sowie Wasserstellen und angrenzende Kulturen. Man ist außerdem bemüht, über Einschläge, Holzabtransporte, Pflanzungen und andere Arbeiten genauso informiert zu sein wie über die besonderen Unruhezeiten (Tourismus, Pilzzeit).

Hinzu kommen natürlich noch die geologischen, bodenkundlichen und agronomischen Eigenschaften des Reviers. Schließlich werden zu diesen Gebietsparametern auch die Streckenlisten der vorangegangenen Jahre hinzugezogen. Sicher ist, vor dem Schuss kommt die Hege.

Links: Zwei sichernde Geißen

Bewirtschaftung und Pflege der Reviere

Abschüsse von Jährlingen

Im Gesamtbild eines Abschussplans haben die Jährlingsabschüsse eine große Bedeutung. Bei allen Überlegungen und Bemühungen einen qualitativ hochwertigen Rehwildbestand aufzubauen, spielen die Jährlinge eine Schlüsselrolle. Wer sich bemüht, in der Jährlingsklasse die richtigen Entscheidungen zu treffen, hat bereits eine große Hürde auf dem erfolgreichen Weg seiner Rehwildhege genommen. Die Jährlingsabschüsse sind natürlich nicht obligatorisch, und es bleibt jedem Jäger selbst überlassen, ob er sich für diese Art der Hege entscheidet.

Das Schießen von Jährlingsböcken entspricht nicht immer der Erwartung oder der Ethik des modernen Jägers. Um sich von dieser Notwendigkeit zu überzeugen, reicht es bereits, die Gesetze der Natur zu studieren und die Folgen unserer Abschüsse zu betrachten. Angenommen ein Jäger bekommt vier Abschüsse zugesprochen. Wenn er nun vier Jährlingsböcke schießt, werden die Folgen auf das gesamte zukünftige Wachstum eines Cervidenbestandes beschränkt sein. Wenn dagegen vier Geißen zu Saisonbeginn erlegt werden, sind die Ergebnisse verheerend, weil man damit auch den Tod von acht Kitzen riskiert, die noch nicht überlebensfähig sind. Dadurch könnten bei einer genehmigten Abschusszahl von vier Tieren während der Saison insgesamt zwölf Tieren erlegt werden. Bei einer Betrachtung über einen Zeitraum von mehreren Monaten nach den Abschüssen kommen dann noch die Bockkitze des Folgejahres hinzu, also insgesamt ein Verlust von 20 Tieren (die durchschnittliche Zahl der Kitze pro Geiß beträgt eigentlich 1,8). Dieses Beispiel ist zwar nur theoretisch, beweist aber, dass eine strenge Hege und selektive Abschüsse in Anlehnung an die biologischen Bedürfnisse der Wildart das Wachstum des Bestandes deutlich steigern können. Ein schlecht gehegtes Revier wird ziemlich schnell leergeschossen sein!

Ein Jagdrevier zu bewirtschaften und zu verbessern bedeutet nicht, es künstlich oder tiefgreifend zu verändern, sondern Verfahren und Techniken einzusetzen, die die Aufnahmekapazität des Reviers erhöhen. Sie ermöglichen sowohl den Erhalt als auch den Anstieg der Wilddichte. Im Folgenden werden wir uns auf die land- und forstwirtschaftlichen Bewirtschaftungen und Verbesserungen beschränken. Maß, Umsicht und Klugheit sind in diesem Bereich Grundvoraussetzungen. Bei Rehen steht die Berücksichtigung ihrer Lebensweise und die Art der Besiedlung des Lebensraumes an erster Stelle.

In einem Laubwald ist die Äsungskapazität des Mittelwaldes am größten. Er stellt den Tieren überschüssige Triebe nach den Einschlägen zur Verfügung, öffnet die Landschaft und begünstigt das Wachstum von Heliophyten, zum Beispiel von Brombeerstrauch oder Geißblatt, die sehr gerne verbissen werden. Je vielfältiger der Baumbestand ist – er sollte sich aus möglichst zahlreichen »Mosaiksteinen« zusammensetzen –, um so günstiger wirkt sich dies auf die Wildart aus. Oft bevorzugt ein forstwirtschaftlicher Betrieb, der sich modern und produktiv gibt, die Anpflanzung groß angelegter einheitlicher Parzellen, die zwar gut gepflegt, aber überhaupt nicht an die Bedürfnisse der Rehe angepasst sind. Hier muss unbedingt eine Auswahl und ein Kompromiss zwischen Forst- und Jagdwirtschaft gefunden werden, was im Übrigen keine Sache der Unmöglichkeit ist, beide Bereiche können sich durchaus ergänzen.

Die Pflanzung spezifischer Kulturen für Rehe ist unter Berücksichtigung der Äsungsauswahl, der schwachen Bildung von Sprüngen und ihrer Ortsfestigkeit nicht von Interesse. Die Unterhaltung von Randstreifen und Schneisen dagegen schon. In Parzellen mit Hainbuchen-, Eichen- oder Buchenaltbeständen werden Fällungen großen Nutzen bringen. Dabei werden in diesen Gebieten junge Bäume ausgewählt und dann am Stamm auf halber Höhe gefällt. Sie werden im Frühling und im Sommer einigermaßen weiterwachsen und ein gutes Blätterwerk liefern, das bis dahin nicht erreichbar war (Krone des entästeten Baumes). Vorzeitige, nicht entästete Fällungen können in Nadelholzpflanzungen bei Ausholzungen durchgeführt werden, wodurch Rehen auch in diesen Gebieten eine ausreichende Nahrungsmenge zur Verfügung gestellt wird.

Salzblöcke werden von Rehen sehr geschätzt, da sie viele Vitamine enthalten.

Das Abholzen von Hecken kann Ursache für die Aufgabe von Revieren sein.

Abschusszahlen

Der Weg im Hochwald bildet eine gute Schusslinie.

Links: Ein schöner Abschuss aus dem Anstand

Wenn man nun zu dem Schluss kommt, dass der Stand einer Population optimal und stabil ist, sollte die Zahl der Abschüsse festgelegt werden. Sie liegt bei 40 Prozent des nach der Jagd verbleibenden geschätzten Gesamtbestandes. Es sollten ebenso viele Böcke wie weibliche Rehe geschossen werden. Wenn der Bestand vergrößert werden soll, wird man Ricken und Schmalrehe schonen und sich auf das Erlegen von Kitzen beschränken.

»Wenn man das Huhn schlachtet, so legt es keine Eier mehr«, lautet ein Sprichwort. Wie einfach Hege doch sein kann! Ein qualitativ guter Abschussplan wird sich eher auf junge Altersklassen konzentrieren. Jährlinge und subadulte Böcke, die zahlenmäßig schwerer zu erfassen sind, machen 60 Prozent des Plans aus. Die verbleibenden 40 Prozent betreffen erwachsene Rehe und zwar zu gleichen Teilen männliche und weibliche Tiere. Damit diese Zielsetzung auch erreicht wird, sollten die Jährlinge geschossen werden, wenn sie noch leicht von den erwachsenen Tieren zu unterscheiden sind, ebenso die Böcke mit ausgebildetem Gehörn. Ricken sollten in gut gehegten Revieren möglichst nicht erlegt werden, sofern sie nicht alt sind oder schlechte Kitze setzen.

Abspringender Bastbock

DIE JAGD

In der heutigen Zeit ist für manche Menschen die Jagd eine ganz und gar abwegige Vorstellung. Was aber, wenn die Jagd schlicht die einzige Möglichkeit wäre, in einer stark beanspruchten Natur – zumindest das, was davon noch übrig geblieben ist – für paradiesische Vielfalt und Harmonie zu sorgen? Für viele Stadtbewohner, die vielleicht nur über das Medium Fernsehen hier und da etwas über die Natur erfahren, ist die Jagd überflüssig und sogar verwerflich – ein barbarisches Hobby, vollzogen von habgierigen und blutrünstigen Individuen. Diese Einstellung ist recht eindimensional, denn das Gedeihen einer Wildart, auch die des Rehwildes, gehört zum Hauptanliegen eines Jägers. Jagd ist aktiver Naturschutz.

Streckenlisten und Entwicklung der Abschüsse

Die Jagd ist die einzige Möglichkeit, die Bestände vernünftig zu regulieren. Der mehr oder weniger utopistische Jäger neigt zu der Annahme, dass sich große Beutegreifer wie Luchs oder Bär bestens um diese Regulierung kümmern würden! Da die Abschusspläne nur zu 90 Prozent verwirklicht werden, was 10 Prozent für die Beutegreifer übrig ließe, wird dieser Gedanke noch verstärkt. Diese Behauptung geht allerdings an der Realität vorbei. Den Fleischfressern lassen diese großzügigen Träumer in Wirklichkeit recht wenig Rehe übrig. Man sollte daher ruhig erwägen, die Situation durch strengere Kontrollen und die Bewusstseinsbildung bei manchem Jäger zu verbessern. Trotzdem, auch wenn dies funktionieren würde, müssten die gleichen großen Beutegreifer wiederum auch selbst bejagt werden. Unter Umständen müsste sogar der Zutritt zu dem jeweiligen Gebiet untersagt werden, weil das Risiko einer gefährlichen Begegnung zu groß wäre.

Die Einführung einer Abschussregelung für Rehe hat zweifellos zu einem Bestandsanstieg geführt. Umsichtigen Jägern ist es zu verdanken, dass das Vorkommen des Rehwildes bei gleichzeitigem Anstieg der Abschüsse derzeit recht hoch ist. Zuviel Großzügigkeit kann den Anstieg aber auch bremsen. Zuverlässige Verfahren zur Ermittlung von Bestandsdichten gibt es nicht, und man wird sich noch einige Zeit auf den guten Willen anderer verlassen müssen.

Der deutsche Jagdschutzverband gibt jedes Jahr eine Bilanz über die Erfüllung der Abschusspläne heraus. Im Jagdjahr 1998/99 wurden in Deutschland 1 034 925 Stück Rehwild erlegt. Bei einem durchschnittlichen Gewicht eines Rehs von 12,5 Kilogramm und einem Wildpretpreis von DM 10,– pro Kilogramm ergibt das einen Wildpreterlös von annähernd 130 Millionen Mark. Der Gesamterlös aller erlegten Wildarten kommt in Deutschland vergleichsweise auf 272 Millionen Mark. Der gesamte Umsatz des Jagdbetriebes in der Bundesrepublik erreicht ein Volumen von 1,4 Milliarden Mark.

Das Zielfernrohr ist bei der Jagd unentbehrlich.

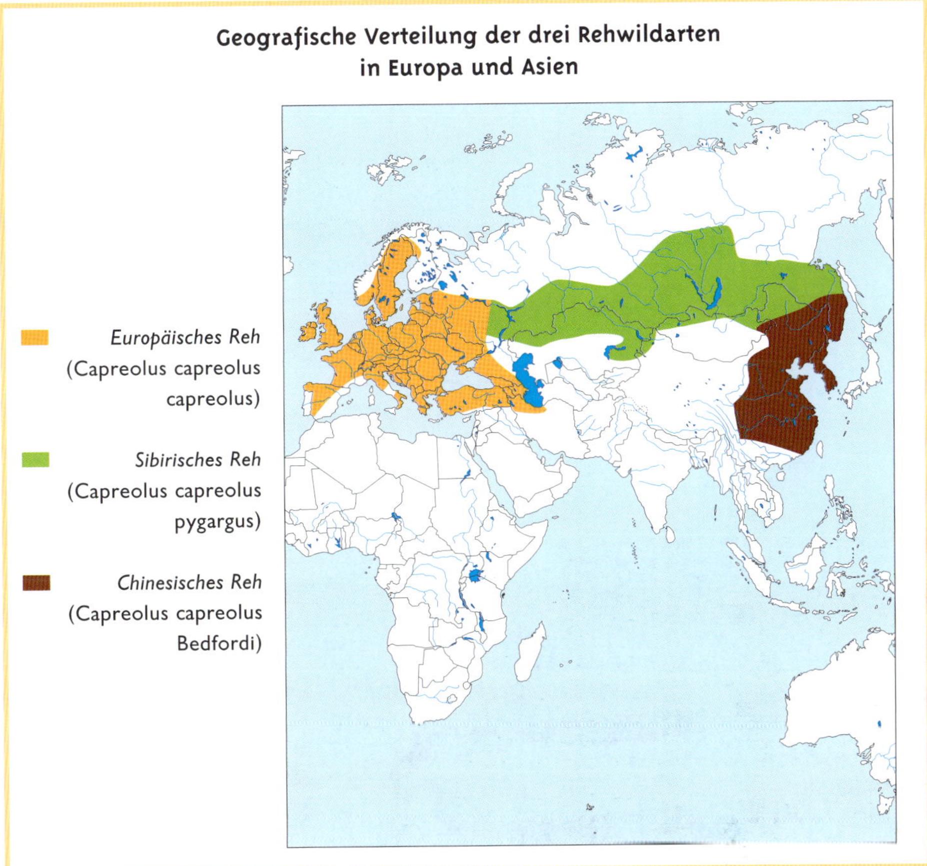

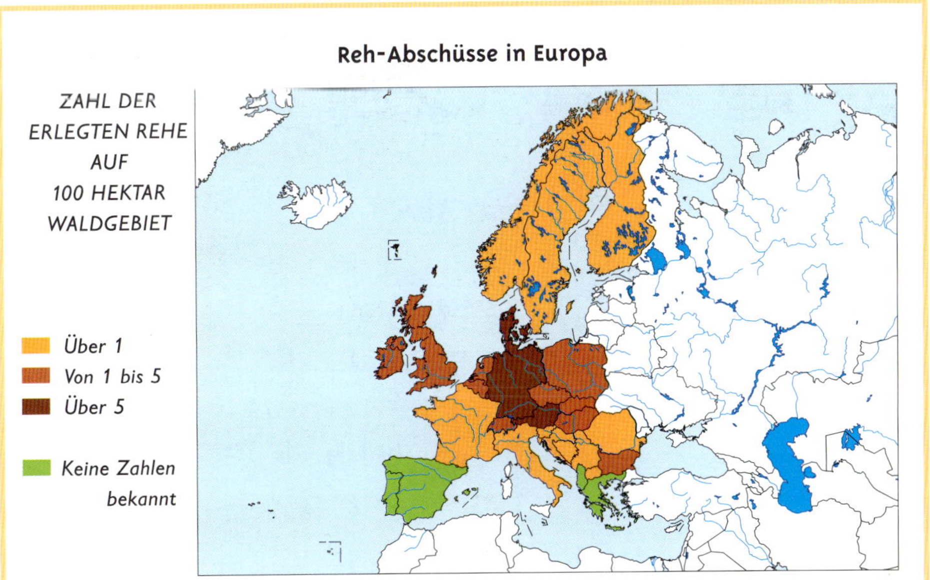

Gesetzliche Bestimmungen

Längst hat die Ricke Geräusche vernommen.

Bevor ein Jäger auf die Jagd geht, muss er die Jägerprüfung abgelegt haben und die gesetzlichen Bestimmungen kennen. Das Rehwild unterliegt einem Abschussplan, der von der Unteren Jagdbehörde (Kreisjagdamt) erstellt wird. Der Jagdausübungsberechtigte muss bis zum 1. April eines Jahres einen Abschussplan vorlegen, der jeweils für drei Jagdjahre gilt. In der Regel muss ein Drittel des Gesamtabschusses jährlich erlegt werden. In anderen Fällen legt das Kreisjagdamt die Abschussquote je nach örtlichem Bestand fest und versucht sowohl den Interessen der Antragsteller als auch der Entscheidungsträger gerecht zu werden. Wie jeder Kompromiss unterliegt er verschiedenen Rechtfertigungen und Zwängen.

Das Rehwild ist eine der am häufigsten vorkommenden Wildarten Deutschlands. Da

Kontrolle des Jagdscheins in Frankreich

niemand aber den Rehwildbestand zuverlässig zu ermitteln vermag, stützt man sich auf die Informationen und Gutachten der Forstbehörden. Die Kommission der Unteren Jagdbehörde im Kreisjagdamt unter Aufsicht des Vorsitzenden, dem Landrat, besteht aus Vertretern des staatlichen Forstamtes und einem Landwirtschaftsvertreter sowie einem Vertreter der Jagdgenossenschaft, der Gemeinde und der Jäger. Ihre Vereinbarungen finden sich im Abschussplan wieder, der die minimale und maximale Jahresstrecke festlegt. Häufig begnügt man sich mit der Vorgabe einer bestimmten Stückzahl. Langsam wird jedoch dazu übergegangen, qualitative Kriterien zu berücksichtigen und die Vorgabe nach Geschlecht und Altersklasse durchzuführen.

In Europa kommt das Rehwild von der Küste bis zum Hochgebirge, von Flussauen bis zu Bergwäldern, Agrarsteppen und Parklandschaften vor. Genauso vielfältig wie das Vorkommen sind die Abschussbestimmungen der einzelnen Länder, die sich sogar regional stark unterscheiden. In Deutschland etwa haben Rehböcke und Schmalrehe in Bayern vom 1. Mai bis 31. Januar Jagdzeit. In Brandenburg und Mecklenburg-Vorpommern gilt für Böcke die Jagdzeit vom 1. Mai bis 15. Oktober, für Schmalrehe vom 1. Mai bis 31. Januar. Niedersachsen hat für Böcke dieselben Zeiten, Schmalrehe sind vom 1. Septmeber bis zum 31. Januar frei. In Schleswig-Holstein gelten ebenfalls diese Jagdzeiten. Thüringen hat als einziges der neuen Bundesländer seine Jagdzeiten für Böcke vom 1. Mai bis zum 15. Oktober und für Schmalrehe vom 16. Mai bis zum 15. Januar behalten.

In Frankreich werden, um die Abschusspläne zu kontrollieren, Wilderkennungsmarken ausgegeben. Diese Methode war bis 1980 auch in Deutschland üblich. Mit der Marke wird die strikte Einhaltung des Abschussplans kontrolliert. Die Wildmarke, die jeder Besitzer eines Abschussplans bei sich zu tragen hat, zeigt den genauen Tag und Monat an und wird am getöteten Tier zwischen Sprunggelenk und Mittelfußknochen eines Hinterlaufs befestigt. Ein Reh ohne Wildmarke zu entfernen, ist Wilderei und damit strafbar. Beim Zerlegen des Tieres, bekommt jedes Stück Wildpret eine Nummer aus dem Stammbuch, in dem die Identifikationsnummer des Tieres steht.

Jagdarten

Bei der Jagd, insbesondere der Rehwildjagd, stehen zahlreiche Techniken und Verfahren zur Verfügung. Ob es die Drückjagd, Gesellschafts- oder Einzeljagd ist, immer muss sie im Hinblick auf die gesteckten Ziele vorbereitet und gerechtfertigt sein. Dennoch sollte die Disziplin das Vergnügen nicht ausschließen, und dieses Stückchen Freiheit, das nur Jäger wirklich zu schätzen wissen, sollte ihr auch erhalten bleiben.

In vielen Gegenden, in denen Rehwild in Erscheinung tritt, gilt es viel zu oft als Wildart, die nur Schaden an Forstkulturen anrichtet. Auch wenn die Vorgaben der Abschusspläne für Rehe in den Augen einiger Jäger oft zu hoch sind, wird man dennoch bemüht sein, diese zu erfüllen. Leider häufig zum Schaden des Rehwildbestandes durch Erlegen von Ricken. Meistens erfolgen Fehlabschüsse bei Sautreiben. Darüber hinaus bringen Rehe schlecht abgerichtete Hunde von der Wildschweinfährte ab und werden dann zum Spaß gejagt. Hier herrschen Missbrauch und Unverständnis, wobei auf keinen Fall das bejagte Tier die Ursache ist, sondern der Jäger und sein Hund. Bei dem Überangebot an Schwarzwild konnte er es sich lange Zeit einfach machen und ist jetzt oft nicht mehr in der Lage, zwei Wildarten voneinander zu unterscheiden.

In diesem Bereich muss sich einiges ändern. So sollte der Schwarzwildjäger das Reh nicht als Ersatz sondern als Ergänzung sehen. Eine ernsthafte und intelligente Hege wird ihn dann Fehljagden vermeiden lassen, wenn Wildschweine in benachbarte Gebiete eindringen.

Bei Gesellschaftsjagden wird die Treibjagd am häufigsten praktiziert. Auch Einzeljagden im

Auf der Pirsch: Im Morgengrauen finden sich die Tiere am Waldrand ein.

Anstand oder auf dem Ansitz werden sehr oft ausgeübt.

Organisation der Treibjagd und Sicherheitsvorschriften

Der Tag der Jagdveranstaltung unterliegt immer der Verantwortung des Jagdleiters. Es gibt zwei Arten von Akteuren: die Schützen und die Treiber oder Hundeführer. Das Treiben wird nach einem Plan festgelegt, bei dem mehrere Stücke Wild ausgemacht wurden.

Vor Beginn der Jagd überprüft der Jagdleiter Jagdschein und Einladung sämtlicher Teilnehmer. Er erklärt den Jagdablauf und erinnert an die Sicherheitsvorschriften. Die Ansteller weisen die Schützen auf ihre Stände ein. Es kann bestimmte Vorschriften hinsichtlich der Wahl der Waffen oder der Munition geben. Der Jäger hat sich vor der Jagd zu informieren und sich entsprechend auszurüsten.

Wenn ein Jagdleiter, aus Gewohnheit oder Nachlässigkeit, nicht jedes Mal wieder auf diese Vorschriften hinweist, kann dies teilweise dramatische, zumindest aber stets bedauerliche Folgen haben. Die beste und einfachste Sicherheit wäre zweifellos das Austeilen eines Blattes mit den geltenden Jagdbestimmungen vor Beginn der Jagd. Auf diesem Papier werden die Treiben, die Stellungen der Schützen, die Kategorie(n) der zu erlegenden und natürlich nicht zu erlegenden Wildarten verzeichnet, ebenso die Sicherheitsvorschriften und die Jagdsignale.

Die Ankündigungssignale, die am häufigsten verblasen werden, sind:

Aufbruch zur Jagd (Anblasen),

Jagd vorbei (Abblasen).

Das ist einfach und völlig ausreichend. Um die Hunde zu versammeln, begnügen sich die Treiber meist mit einem mehr oder weniger oft wiederholten Ruflaut. Es versteht sich von selbst, dass jeder Jäger im Besitz eines Jagdhorns ist, denn es ist genauso unentbehrlich wie die Waffe oder das Messer.

Zu erwähnen ist auch, dass Fehler oft eher von regelmäßig teilnehmenden Jägern der Jagdgesellschaft begangen werden als von Gästen. Gewohnheit und Routine sind in Fragen der Sicherheit schlechte Ratgeber. Manchen Jagdleitern erscheint es oft unangebracht, ja sogar unkameradschaftlich, die langjährigen Jagdfreunde immer wieder an die vertrauten Vorschriften zu erinnern, auch wenn sie ab und zu missachtet werden.

Gute Treiber mit ihren Hunden sind die Garantie für eine erfolgreiche Jagd.

Aufbruch zu den Ständen

Die Waffen werden erst dann geladen und gespannt, wenn die Schützen angestellt worden sind und das Signal zum Aufbruch der Jagd gegeben wurde. Es sei in diesem Zusammenhang daran erinnert, dass nur eine entladene Waffe eine sichere Waffe ist. Eine bessere Schutzvorkehrung gibt es nicht. Alle anderen Sicherheitssysteme sind trügerische Spielereien, die oft zu Pannen führen oder Unfälle auslösen können. Bei jedem Standwechsel werden die Waffen ebenfalls gesichert, entladen und in die entsprechenden Hüllen gesteckt.

Bei einem Unfall ist der Jagdleiter sofort zu benachrichtigen. Jeder Schütze ist selbst für seinen Schuss verantwortlich. Bei einer polizeilichen Untersuchung wird der Hergang genauestens überprüft. Wurde auf die Sicherheitsvorschriften hingewiesen? Sind die Stände namentlich zugewiesen worden? Sind die Jagdscheine und Waffen jedes Teilnehmers überprüft worden?

Die Ansteller sind Jäger mit Revierkenntnissen, die vom Jagdleiter bestimmt werden. Sie bringen die Jagdgäste an ihre Jagdstände und holen sie dort wieder ab. Nach der Jagd sammeln sie die ausgegebenen Jagdkarten ein, auf denen von den Schützen vermerkt worden sein muss, welches Wild erlegt oder angeschossen wurde. So erhält die Jagdleitung genaue Information darüber, wieviel Wild erlegt wurde und welche Nachsuchen noch vorzunehmen sind.

Die angestellten Schützen begeben sich leise auf ihren Stand und vergewissern sich über die genaue Position ihres Nachbarn. Die beste Methode ist, seinen Nachbarn zu seinem Stand zu begleiten und dann zum eigenen zurückzukehren. Der Schütze wird »mit dem Bauch zum Wald« angestellt, also in die Richtung, aus der die Treiber kommen, und wird nur vom Treiben wegschießen, d. h. erst, wenn das Wild die Linie überschritten hat und in den gegenüberliegenden Wald hineinwechselt. Auf gar keinen Fall wird ein Schuss in das Treiben angetragen. Wenn ein kleiner Sitz ausgewählt wurde, was nicht untersagt ist und manchmal eine Erleichterung für müde Beine sein kann, sollte kein Schuss in sitzender Position angetragen werden. Die instabile Position und der verfehlte Schuss können einen Fehlschuss verursachen. Der angestellte Schütze verlässt seinen Stand erst nach dem Ende der Treibjagd, d. h. nach Verkünden des vereinbarten Signals. Hunde dürfen am Stand nur mit dem Einverständnis des Jagdleiters geschnallt werden.

Rechts: Verblasen mit einem Parforcehorn

Sicheres Ansprechen des Wildes ist auch bei Drückjagden eine Selbstverständlichkeit.

Die Hundeführer schnallen ihre Hunde erst, wenn sie sich vergewissert haben, dass alle Stände ordnungsgemäß eingenommen worden sind (Signal des letzten Anstellers). Die Treiber und Hundeführer tragen auffällige Markierungen auf ihrer Kleidung. Wehrgehänge, Weste und Mütze – lange Zeit nur widerwillig von manchen Jägern getragen, weil sie als unmodern empfunden wurden – sind heute obligatorisch. Es ist eine Sicherheitsmaßnahme, um gesehen zu werden. Auch Schützen müssen rote, gut sichtbare Warnbänder am Hut tragen. Treiber und Hundeführer bewegen sich durch laute Rufe auf die Schusslinie zu.

Am Ende der Treibjagd vergewissert sich der Jagdleiter, dass alle Jäger zurückgekehrt sind und den Aufruf verstanden haben. Nicht dass am Abend am Sammelpunkt festgestellt wird, dass ein Schütze noch immer auf seinem Stand wartet. Jeder Schütze kümmert sich mit darum, möglichst viele Hunde wieder einzufangen, um den Hundeführern lange und mühsame Suchen nach der Jagd zu ersparen.

Das Standtreiben

Ein Standtreiben mit Laufhunden ist eine ausgezeichnete und kameradschaftliche Form der Gesellschaftsjagd. Jeder Teilnehmer hat bei Jagdbeginn die gleichen Chancen, ein Stück Wild zu bestätigen und einen Schuss anzutragen. Eine erfolgreiche Jagd hängt davon ab, wie gut Treiber, Hunde und Schützen ihren Stand und ihre Rolle einnehmen.

In vielen Regionen geschätzt, bleibt diese nur scheinbar leicht durchzuführende Jagdart mit oder ohne Hunden die derzeit am häufigsten praktizierte Jagdart. Je nach Region, örtlichen Gegebenheiten, Größe des Reviers und eingesetzten Hunden nimmt diese Treibjagd unterschiedliche Formen an. Immer geht es dabei darum, einen mehr oder weniger großen Kessel zu bilden und die Tiere mit verschiedenen Mitteln herauszutreiben.

In manchen gut bewirtschafteten offenen Wäldern sind die Stände in einem Plan eingetragen und sogar nummeriert. Das Treiben wird

Eine wahre Geschichte

Eines frühen Morgens steht ein Jagdleiter vor einer motivierten und enthusiastischen Jagdgesellschaft und verkündet seine Anordnungen und Sicherheitsvorschriften. Eine ist von besonderer Bedeutung:
»Heute werden nur die größten Tiere geschossen. Sie sind für das Bankett bestimmt. Keine kleinen Tiere also und die Farbe soll angesagt werden.«
Für die meisten Jäger ist demnach eigentlich alles klar.
Im Abstand von 50 Metern bewegt sich eine beeindruckende Schützenlinie beginnend auf dem Gipfel eines Hügels bis zu dem Kamm auf der gegenüberliegenden Seite eines kleinen Tals vorwärts – fast eine Art Maginot-Linie. Die Treibjagd beginnt und schon verbellen die Hunde lauthals. Das erste Reh tritt aus dem Wald heraus, kaum größer als ein Hase. Der erste Schütze ruft seinem Nachbarn ordnungsgemäß zu:
»Zu klein, nicht schießen!«
Der gibt die Meldung gewissenhaft an seinen Nachbarn weiter und so weiter. Die Kunde geht von Jäger zu Jäger in dem kleinen Tal.
»Nicht schießen. ...icht schießen, ...cht schießen, ...schießen!« Bis das Wort drei- bis viermal durch das Tal hallt, ist von »nicht« nichts mehr zu hören.
Peng! Und sofort nach dem Schuss wird Lucky Luke, so war sein Spitzname – und wir wissen auch warum – fragen:
»Was hast du gesagt?«

Bei kleinen Standtreiben bleiben große Hunde am besten angeleint.

Eine denkwürdige Pirsch

Als ich eine Zeitlang einen gewissen Herrn als Jäger begleitete – ich möchte seinen Namen lieber nicht nennen –, kam der Moment des Aufbruchs immer sehr überraschend. Ich hatte, die »Tasche« dieses netten Mannes zu packen: der reinste Eisenwarenhandel. Kleine Münzen, Uhr, seine Kette, Messer, Schlüsselbund und was weiß ich nicht noch alles schepperten bei jedem Schritt leise vor sich hin, und je länger ich darauf hörte, wurde es zu einem ohrenbetäubenden Lärm. Zusammen mit seiner Begabung, sich in den zartesten Zweigen zu verheddern und über den kleinsten Stein zu stolpern, schien es, als zöge das reinste Infanterieregiment hinter uns her. Zur Krönung des Ganzen hatte sich mein Nimrod mit einer Büchse ausgerüstet, die eher die Qualität eines Maschinengewehrs hatte. Erwähnt werden muss auch noch, dass er aufgrund seiner Schwerhörigkeit ein bisschen lauter sprach, man kann sich also vorstellen, dass unsere Unterhaltung recht klangvoll war. Der beunruhigte Leser mag aber ganz unbesorgt sein: Niemals hat ein Reh unseren Weg gekreuzt!

Der Schuss ist gelungen.

von unbewaffneten Treibern durchgeführt, begleitet von kleinen und gut abgerichteten Hunden (Terrier, Dackel). Nur eine beinahe militärische Disziplin garantiert dabei maximale Sicherheit. Die nur leicht rege gemachten Rehe flüchten hinter oder vor die Kreislinie. Wenn die Stände gut gestellt sind und ausreichend frei stehen, kann das Wild leicht geschossen werden.

In Gebieten mit größeren Jagdrevieren werden Hunde eingesetzt, die sehr gut auf Rehe eingejagt sind. Nach vorherigem Abfährten der Strecke wird der Hundeführer die Hunde schnallen und eine warme Fährte annehmen lassen. Selbst wenn die Plätze der Stände gut bekannt sind, sind es doch eher strategische Standorte, die ein Tier theoretisch passieren könnte. Die genaue Revierkenntnis ist bei dieser Jagdart unbedingt erforderlich. Trotz der gegebenen Handlungsfreiheit dürfen die Sicherheitsbestimmungen auf keinen Fall vernachlässigt werden. Man sollte sich auch vergewissern, dass gute Stände mit guten Schützen besetzt sind. Ein Hundeführer wird sonst seine Hunde, die einem verfehlten Reh hinterher jagen, erst drei Ortschaften weiter wieder einfangen können.

Mancherorts wird man feststellen, dass Rehabschüsse häufig während Sautreiben erfolgen. Ein selektiver Abschuss ist hier ausgeschlossen, denn die Stände sind nicht unbedingt dafür hergerichtet, um das zu erlegende Wild richtig anzusprechen. Die Waffen sind meistens ebenfalls unangemessen, weil der Schwarzwildjäger natürlich mit einem alten 200 Pfund schweren Einzelgänger rechnet.

Und nun zu den Hunden. Der Hauptvorwurf, den Schwarzwild- und Hasenjäger dem Reh machen, ist, dass es die Hunde von der Fährte abbringt, was vor allem zu Beginn der Jagd leicht passiert. Was aber sollen sie tun, wenn vor ihrer Nase ein Reh erlegt wird, das sie dann nur ordnungsgemäß suchen? Diese Jäger sollten ihre Jagd endlich in dem Bewusstsein durchführen, den Abschussplan zu erfüllen, und sich nicht auf Gelegenheitstreffer verlassen. Es sollte außerdem im Sinne des Hundeführers sein, so dicht wie möglich bei seinen Hunden zu bleiben, um sie gegebenenfalls zurückholen oder wieder auf die richtige Fährte bringen zu können. Für viele Jäger

Ein Bock am Ende seiner Kräfte

eine fundamentale Umorientierung, denn bekanntermaßen dauert in der Jägerei immer alles etwas länger. Es ist daher unsinnig, alle Schuld dem Reh zu geben. Es kann nichts dafür, wenn die geschnallten Hunde nicht unterscheiden können. Um die einfachen Freuden einer Jagd zu genießen, ist Hingabe und Kampfgeist gefordert. Jagd ist keine klar definierte Wissenschaft. Eine vorbereitete und gut durchgeführte Treibjagd wird immer eine besondere Befriedigung sein.

Es sei an dieser Stelle darauf hingewiesen, dass sich die Jagd mit hochläufigen Bracken nicht besonders an der Erfüllung eines qualitativen Abschussplans orientiert und von den Teilnehmern Aufmerksamkeit und Mäßigung fordert. Lieber lässt man ein Tier, bei dem nicht sicher ist, ob es im Abschussplan aufgeführt ist, vorbeiziehen, als einen folgenschweren Fehler zu begehen.

Reibereien zwischen Nachbarn sind trotz großer Gebiete nicht selten. Um sie zu vermeiden, sollten die Parteien gegenseitiges Verständnis aufbringen. Vereinbarungen über das Folgerecht sind ein gutes Beispiel für Nachbarschaftlichkeit unter den Jagdgesellschaften. Wenn Einvernehmen herrscht, dürfen die Hunde das Revier wechseln. Es erfolgt auch kein Anstellen auf dem benachbarten Gebiet. Auf diese Weise kann das Wild von der ansässigen Gesellschaft geschossen werden, sofern sie in Besitz eines entsprechenden

Aufmerksam wartet dieses Jagdterrier-Gespann auf »Leine los«.

Ein Bock im Profil in idealer Schussposition

Abschussplans ist. Die Hunde suchen das Tier verloren und die Zuteilung des Wildprets erfolgt nach den getroffenen Vereinbarungen.

Die Drückjagd

Je nach Art des Reviers (durchbrochener Wald, wenig hügelig, kleine Flächen) eignet sich auch eine andere Form der Treibjagd: die Drückjagd. Die Schützen stellen sich zwar nach den gleichen oben beschriebenen Regeln an, das Treiben jedoch vollzieht sich viel leiser. Es geht darum, die Tiere nur durch Anwesenheit weniger Treiber rege zu machen, wobei sie nicht flüchten, sondern sich vor den Verfolgern »drücken«.

Hunde werden nicht unbedingt eingesetzt, und wenn doch, dann handelt es sich um sehr disziplinierte und laut jagende Hunde, entweder Vorstehhunde oder niederläufige Bracken. Das Wild wird sich also viel ruhiger in der Schusslinie zeigen, d. h., der Jäger kann das Tier vor dem Schuss besser ansprechen.

Da sie weitaus selektiver und technischer ist – und deshalb verständlicherweise manchem Jäger zu nüchtern erscheint –, lässt sich diese Form der Treibjagd nur unter ganz bestimmten Bedingungen durchführen (private Jagdgesellschaften, kleine Parzellen, Erlaubnis des Forstamtes). Stets wird sich die Drückjagd aber im Falle eines Abschussplans mit qualitativen Kriterien als exzellente Methode für den selektiven Abschuss erweisen und ein faires Verhalten innerhalb der Jagdgesellschaft gewährleisten.

Die Pirsch

Die Pirsch ist das Jagen in seiner ursprünglichsten Form. Sie besitzt die ganze Dramatik, die zwischen Jäger und Tier, die sich beide unsichtbar bewegen müssen, aufkommen kann. Natürlich ist es ein ungleicher Kampf: Der moderne und hochausgerüstete Jäger gegen ein Reh, das sich nur auf seinen Instinkt und die Kenntnis seines Reviers verlassen kann.

Vom Prinzip her ist die Pirsch eine selektive, sehr alte Jagdart, die den Ansprüchen der modernen Rehwildhege sehr gut gerecht wird. In vielen Gegenden stößt sie auf unsinnige und ungerechtfertigte Vorbehalte. Es gibt zur Schadensvermeidung besondere Vorschriften für dieses Verfahren.

Die Pirsch wird insbesondere im Sommer zum Abschuss von Rehböcken praktiziert. Nichts spricht allerdings dagegen, sie zur Erfüllung eines Abschussplans einzusetzen.

Die Kenntnis des Gebietes und der Wildart spielen mehr als bei anderen Jagdarten eine übergeordnete Rolle. Der Jäger muss mit der Umgebung eins sein, mit ihr sozusagen verschmelzen, damit das Rehwild und die anderen Tierarten sich in Sicherheit wiegen und nicht in Alarmbereitschaft versetzt werden. Trotzdem – ein Häher wird den Jäger immer entdecken und ein diebisches Vergnügen daran haben, die anderen Waldbewohner zu warnen.

Die Pirsch ist kein einfacher Waldspaziergang, auf dem zufällig ein Reh geschossen wird. Überdies ist der Neuling oft erstaunt, wenn Rehe, die sich dem Pilzsammler normalerweise eher neugierig und wenig misstrauisch zeigen, blitzartig fliehen, sobald jemand mit Büchse und Indianerblick den gleichen Wald betritt.

Die Ausrüstung des Jägers hat bei der Pirsch höchste Priorität. Die neutrale Kleidung muss entsprechend der Jahreszeit ausgewählt werden. Man beachte, dass ein Tier eher durch den Kontrast als durch die Farbe in Alarmbereitschaft versetzt wird. Wasserdichte, bequeme Schuhe sowie Handschuhe und Hut vervollständigen die Ausrüstung. Der Jäger wird immer bemüht sein, so unbemerkt wie möglich zu bleiben. Die Taschen werden von jeglichem Ballast geleert, denn im ungünstigsten Fall wird gerade dieser Lärm verursachen. Also bitte keine klappernden Autoschlüssel mitnehmen!

Diskretion ist sowohl beim Anpirschen als auch bei der Rückkehr geboten. Die Pirsch erfolgt in der Regel morgens oder abends, wenn es noch ruhig ist und sich die Tiere in höchster Aktivität befinden. Die Richtung, aus der sich der Jäger anpirscht, wird durch die Windrichtung vorgegeben. Der Jäger bewegt sich immer gegen den Wind, damit das Reh, dessen Geruchssinn hervorragend ausgeprägt ist, seine Anwesenheit nicht bemerkt. Die Waffe ist geladen und gesichert, ein Pirschstock für einen sicheren Schuss darf nicht fehlen. Das Kaliber und die Munition werden entsprechend der Jagdart ausgewählt. Ein gutes Zielfernrohr und ein Fernglas sind ebenso notwendig. Das Kapitel »Waffen und Ballistik« gibt dazu genauere Informationen. Im Sommer kann ein

Für diese sehr gute und gar abnorme Trophäe hat sich die Pirsch gelohnt.

Rehblatter im Mund eines erfahrenen Jägers ein wirksames Mittel für den Erfolg auf der Bockjagd sein.

Ein besonderer Vorteil der Pirsch ist die Möglichkeit des selektiven Abschusses. Es sollte daraus aber nicht zu schnell geschlossen werden, dass sie ein Allheilmittel ist und durch Beseitigen der »schlechten« Tiere die Qualität des Bestandes verbessert würde. Die qualitativen Kriterien sind viel zu subjektiv und die Geheimnisse der Genetik sollten den Jäger demütig und umsichtig werden lassen. Nichtsdestotrotz ist die Pirsch für einen Abschussplan mit Alters- und Geschlechtsvorgaben ideal geeignet. Zahlreiche Pirschgänge sind notwendig, bevor ein Schuss erfolgreich sein kann. Die Effizienz dieser Methode zeigt sich allerdings nur bei langfristiger Anwendung.

Pirschen heißt mehr stehen als gehen. Beherzt der Jäger dieses Motto wird er selten oder nie erfolglos und nie ohne Anblick eines Wildes nach Hause kommen. Die Pirsch ist die älteste Art zu jagen.

Ausgiebige Beobachtung mit dem Fernglas in einer Lichtung

Die Blattjagd

Zu den Höhepunkten der Rehwildjagd gehört mit Sicherheit die sommerliche Blattjagd. Ende Juli, Anfang August kommen die für den Rehwildjäger mit Sehnsucht erwarteten »hohen Tage«.

Grünes mildes Licht, das sich in den Tropfen des Morgentaus bricht, verzaubert die Landschaft, zieht den Jäger hinaus in den Wald, um auf den brunftigen Bock zu jagen. Zu den größten Erlebnissen im Rehwildrevier gehört die Kunst, mit dem Rehblatter den Bock zum Springen zu bewegen.

Schwüle Sommertage eignen sich am besten, um beim »Rehruf« erfolgreich zu sein. Nicht zu hoch stehende Kanzeln oder Bodenschirme kommen dem Jäger bei dieser Jagdart zupass. Geräuschloses Pirschen zu den vorbereiteten Rufplätzen, die in der Nähe der Reheinstände eingerichtet sind, ist der halbe Erfolg. Für den Jäger dürfte es mehr als selbstverständlich sein, daß die Böcke zu dieser Zeit besonders aufmerksam sind. Nur das rechtzeitige Anlegen von Pirschwegen vor der Brunft garantiert das sichere Erreichen des Rufstandes, ohne bemerkt zu werden.

Einige Minuten Ruhe auf dem Platz ist sicher nicht nur für den Jäger gut, auch vielleicht misstrauisch gewordene Böcke werden sich, wenn der Wind stimmt, wieder ablegen. Die Vorfreude auf die Wildbegegnung kann sich schon bei Folgendem einstellen: die Umgebung beobachten und ein bisschen Gefühl entwickeln, aus welcher Richtung der Bock springen könnte.

Bei der Blattjagd muß das Ansprechen über den eventuellen Schuss sehr schnell entschieden werden, da der Bock oft nur kurze Zeit vor dem Schützen steht. Wildtiere mit einem Instrument heranzulocken, ob es ein Rothirsch, ein Fuchs oder ein Rehbock ist, bedeutet das Höchste für einen Jäger.

Blattzeit ist nicht immer auch Jagdzeit. Am Anfang der Blattzeit, um den 20. Juli – dieses Datum wird je nach Höhenlage der Reviere natürlich etwas variieren –, kann der Erfolg recht gut sein. Während des Höhepunkts der Rehbrunft, Ende Juli, sind die territorialen Böcke

Bei der Blattjagd

mit spitzer und hungriger Stimme antwortet. »Um Gottes Willen«, wird der unerfahrene Blattjäger denken, »was habe ich jetzt wieder falsch gemacht?« Die Antwort lautet: »Überhaupt nichts.«

Es ist reiner Zufall, dass man unterhalb eines Bussardhorstes seinen Blattstand ausgewählt hat, und dies ist sicher kein Grund, seinen Platz zu verlassen. Noch einmal sollte man den Rehblatter zum Mund führen. Der in der Nähe im Lager sitzende Bock kann nämlich sehr wohl die Stimmen der hungrigen, über ihm kreisenden Bussarde am Himmel, die meist über mehrere Tage immer wieder um Futter betteln, von den Lockrufen unterscheiden.

bei den Geissen. In diesen Tagen sollte man mit dem Rehblatter vorsichtiger umgehen und wenn notwendig den Kitzruf verwenden. Dann wird die Geiss zustehen und der Bock wird der Geiss folgen. Man sollte aber bedenken, dass diese Methode das Brunftgeschehen stark beeinträchtigen kann.

Ab etwa dem 5. August sind die Ricken und Schmalrehe beschlagen. Der Bock beginnt zu suchen. Jetzt ist für den Blattjäger die beste Zeit gekommen, um den erwünschten Erfolg zu erreichen.

Die Brunft des Rehwildes und die Blattjagd sind noch immer ein großes Geheimnis. Warum springen in manchen Sommern die Böcke direkt nacheinander und warum verliert in anderen selbst der erfahrenste Jäger den Glauben an sich selbst? Bei der Blattjagd ist es am wichtigsten zu beachten, dass junge und gute mittelalte Böcke geschont werden. Werden für diese Jagdart im Frühjahr nur abschussnotwendige Jährlinge erlegt, wird der Erfolg nicht ausbleiben.

Es kann bei der Blattjagd durchaus vorkommen, dass man seinen Rehblatter sorgsam zwischen die Lippen nimmt, versucht die liebevollsten Töne erklingen zu lassen und plötzlich hoch oben in den Bäumen ein junger Bussard

Bei Tagesanbruch auf den Hochsitz

Ein Beobachtungs- oder Jagdhochsitz

Die Jagd mit Pfeil und Bogen

In Deutschland ist die Jagd mit Pfeil und Bogen verboten, da das deutsche Jagdgesetz für eine Anfangsenergie eines Geschosses 1 000 Joules vorschreibt und diese von Pfeil und Bogen nicht erreicht wird. In vielen europäischen Ländern hingegen ist diese Jagdart erlaubt und gängig. Möchte man die Jagd mit Pfeil und Bogen im Rahmen einer Auslandsreise praktizieren, sollte man sich genauestens darüber informieren.

Bei der Jagd mit Pfeil und Bogen gelten eigentlich die gleichen Regeln wie bei der Pirschjagd und der Jagd vom Ansitz aus, allerdings muss eine noch größere Fähigkeit des Anschleichens und des unauffälligen Bewegens bewiesen werden. Wichtig ist es nämlich, dass sich der Jäger so nah wie möglich an das Tier anpirscht, um einen präzisen Schuss anbringen zu können. Die beste Schussentfernung beträgt etwa 30 Meter. Der Pfeil muss dabei in jedem Fall ein lebenswichtiges Organ treffen, um tödlich zu wirken.

Die Ansitzjagd

Die Ansitzjagd vom Hochsitz aus ist die traditionelle Jagdart im deutschsprachigen Raum. Bei ihr werden in Deutschland die meisten Rehe erlegt. Neben Rehwild kann natürlich auch anderes Wild vom Hochsitz aus bejagt werden.

Für die Ansitzjagd sollte das Revier mit festen Einrichtungen wie dem Hochsitz oder anderen Ansitzmöglichkeiten ausgestattet sein, die an von Rehen bevorzugten Plätzen aufgestellt werden. Diese Einrichtungen werden so früh wie möglich bestiegen, um eine Störung der Tiere zu vermeiden. Bei Ansitzen im schlechten Wind wird dem Wild der Hochsitz in seinem Gebiet sehr wohl bekannt und von ihm genau beobachtet werden. Unbemerktes, regungsloses Verhalten ist daher extrem wichtig. Sofern feste Hochsitze in der Nähe von Futterplätzen aufgestellt werden, dürfen sie in keinem Fall zum Schießen eines Tieres verwendet werden. Der Ansitz hat nicht unbedingt den Zweck, von dort ein Tier zu erlegen, sondern kann auch zur besseren Beobachtung der Verhaltensweisen sehr nützlich sein. In der Praxis können Pirsch und Ansitzjagd im gleichen Revier miteinander kombiniert werden.

Hochsitze sollten vor der Saison und während der Jagd regelmäßig auf ihre Sicherheit überprüft werden, da hier Vandalismus bereits zu schweren Unfällen geführt hat.

Pfeil und Bogen sind nur aus geringer Entfernung wirksam.

Hochsitze dürfen nur mit einer ungeladenen Waffe bestiegen werden!

Zur Parforcejagd muss man als Jäger eine besondere Einstellung finden.

Die Parforcejagd in Frankreich

Mit dem üblichen Aufruf eröffnet ein französischer Jagdleiter die andere große und zweifelsohne älteste Brackenjagd: die Hetz- oder Parforcejagd.

Sie besteht darin, mit einer Meute (englisch-französische und französische Rassen, Poitevin, Billy etc.) ein bestimmtes Wild aufzustöbern, es zu verfolgen, zu hetzen und zur Strecke zu bringen. Obwohl eine natürlichere Form der Jagd – früher wurden große Beutegreifer auf diese Weise gejagt –, stiftet sie einiges mehr an Unruhe – wahrscheinlich wegen der großen Teilnehmerzahl, der Parforcejäger und ihrer Hunde. Die Parforcejagd wird in Frankreich noch häufig durchgeführt und erfordert eine einwandfreie Technik. Bei der Parforcejagd auf Rehe werden sowohl Böcke als auch Geißen erlegt, wobei den männlichen Tieren der Vorzug gegeben wird.

In Frankreich gibt es 81 Jagdgesellschaften, die die Parforcejagd auf Rehe praktizieren und pro Jagdsaison etwa 1 000 Stück erlegen, was nur einen winzigen Teil der Gesamtabschüsse ausmacht. Obwohl sie häufig nicht sehr geschätzt wird, blickt die Hetzjagd auf eine lange Tradition zurück und erfordert besondere Kenntnis der bejagten Art. Für die Hetzjagd ist ein Abschussplan notwendig. Die erlegten Rehe werden dann der Quote desjenigen Jagdpächters zugeordnet, in dessen Revier die Jagd begann.

Tradition, Ritual, Disziplin und Ethik charakterisieren die Parforcejagd. Der Mensch hat diese Methode im Wesentlichen von den Kaniden kopiert und sich zu Nutze gemacht. Eine Hetzjagd folgt genau festgelegten Regeln und beginnt immer mit dem Abfährten. Der Wald wird mit Hilfe eines Hundes durchkämmt, der das zu bejagende Tier aufstöbert, damit es an der vermuteten Stelle so eng wie möglich umstellt werden kann. Eine alte angeleinte Hündin hat dafür genau den richtigen Spürsinn.

Die Parforcejagd des Rehs wird zurecht als besonders delikat, wenn nicht sogar als schwierigste Jagd bezeichnet. In ihrer Raffiniertheit ist sie sogar mit der Hasenjagd zu vergleichen. Die Hunde müssen über ausgezeichnete Jagd- und

Spüreigenschaften verfügen. Die Parforcejäger wissen, dass der Geruch des Tieres während der Verfolgung immer schwächer wird und sogar ganz verschwinden kann. Ein Reh zu hetzen, ist einfach, es zu stellen weitaus schwieriger. Die Hetze muss also so schnell wie möglich durchgeführt werden. Die Feinheit der Spur hängt sowohl vom Revier als auch vom Wetter ab. Die andere Schwierigkeit liegt im Verhalten des Tieres, das immer wieder falsche Fährten auslegt, d. h. Fährten von anderen Rehen findet und kreuzt.

Je höher die Wilddichte im Revier ist, um so größer sind die Möglichkeiten für falsche Fährten. Jetzt kommt es auf die Disziplin der Hunde und die Fachkenntnis des Parforcejägers an. Frische Tiere können zu jedem Zeitpunkt vor der Meute abspringen. Junge Hunde lassen sich leicht abbringen, nur ein routinierter erfahrener Hund lässt sich nicht täuschen.

Eine andere List des Rehs ist seine Fähigkeit des Rückwechselns. Es verdoppelt seine Fährten, widergeht sie einige Male und bringt die Hunde so von der Fährte ab. Das Durcheinander der Fährten ist manchmal so groß, dass der Treiber die Meute zurückholen muss, um die Fährte neu zu suchen. Jetzt ist das Reh ganz in seinem Element, es kennt jeden Winkel seines Reviers, kann die Meute hinter sich lassen und den Abstand für kurze Zeit vergrößern. Die Hunde gewinnen aber bald wieder an Sicherheit und verbellen das ausgemachte Tier freudig erregt. Das Reh tritt heraus, doch die weiche Erde des gerade bestellten Ackers lässt es erschreckend langsam werden. Seine Kräfte schwinden und es ist am Ende. Seine überstürzte Flucht endet meistens an einem Weiher oder einem Fluss: die Wasserflucht. Schließlich wird es gestellt. Was hat ein Reh schon gegen eine Meute auszurichten. Es folgt das Genießen der Hunde, und der Jagdleiter überreicht einem hohen Gast nach altem Brauch den rechten Vorderlauf des erlegten Stückes, dessen Haar eingeschnitten und geflochten wird – das Symbol für einen erfolgreichen Tag.

Alle Phasen der Jagd werden durch die Signale und Fanfaren der Jagdhörner begleitet, wodurch eine besondere Atmosphäre geschaffen wird. Die Signale sind Verständigungsmittel, die den Parforcejägern und erfahrenen Begleitern erlauben, den Ablauf der Jagd genau zu verfolgen. Sie kündigen entweder an, dass ein Tier ausgemacht worden ist, es aus dem Wald heraustritt oder bedeuten »Genießen der Hunde«, »Reh tot!« oder »Halali«. Eine starke und harmonische Jagdfanfare bildet den krönenden Abschluss der erfolgreichen Jagd.

Heutzutage ist diese Jagdart in den Augen vieler Jäger anachronistisch und ungebräuchlich, das Überbleibsel einer fast vergessenen Vergangenheit. Da die Parforcejagd neben Deutschland auch in Großbritannien keinerlei Verständnis findet, kann man sich fragen, wie sie sich noch im Jahr 2000 in Europa durchführen läßt.

Ein Reh unter solchen Bedingungen zu erlegen, ist besonders schwierig.

Nach der Jagd

Hier wird bestimmt nicht nur über das Thema Jagd gesprochen!

In der waidmännischen Kultur legt man in vielen Regionen besonderen Wert auf die Tradition. Wild und Jäger werden oft gleichermaßen geehrt. Die teilweise aufwendigen, rituellen Zeremonien beim Streckelegen mögen dem durchschnittlichen Betrachter vielleicht überholt oder hochmütig erscheinen. Dennoch gebührt dem erlegten Wild ein Minimum an Achtung und Aufmerksamkeit. Dies gilt auch für ein Reh, das den Jäger zuvor besonders herausgefordert hat.

Es stimmt daher oft traurig zu sehen, wie hemmungslos, ja sogar höhnisch sich mancher Jäger aufführt, sobald das Tier tot ist. Jeder Jäger sollte sich doch zumindest ein bisschen jagdnah verhalten.

Die Streckenliste

Die erlegten Tiere werden aufmerksam untersucht, und jeder Jäger kann sich nun ein Urteil über die Qualität seines Schusses bilden. Das Führen einer Streckenliste ist Pflicht. Darin werden die Namen der Teilnehmer, der Ort, das Wetter und die Ergebnisse der Jagd eingetragen. Die Liste wird nach jedem Streckelegen ausgefüllt. Angaben zu Geschlecht, Gewicht (nach dem Ausweiden) und Alter sowie unter anderem die Beschreibung des Zustandes und der Trophäe sind sehr nützliche Informationen für eine sinnvolle Hege. Je nachdem, ob der Kopf präpariert werden soll, wird ein halber Unterkiefer von jedem Tier konserviert und wie die Trophäe behandelt.

Die Streckenliste ist sozusagen das Gedächtnis der Jagdgesellschaft, die hin und wieder durch amüsante Anekdoten bereichert wird und vor allem rückblickend noch sehr erheiternd sein kann. Außerdem birgt sie sehr nützliche Informationen für die nachfolgenden Jagdgenerationen. Wie viel Zeit könnte gespart und wie viele Fehler könnten vermieden werden, wenn alle Jäger sich die Zeit nähmen, eine solche Liste sorgfältig auszufüllen. Sie bleibt zwar im Besitz der Jagdgesellschaft, steht ansonsten aber auch dem Heger und anderen Jagdverantwortlichen zur Verfügung. Sie ist natürlich kein Ersatz für das persönliche Jagdbuch, das ein Jäger sowohl aus Vergnügen als auch aus Pflicht führt, aber auf jeden Fall eine ideale Lektüre für lange Winterabende, wenn man sich an die Jagd von einst erinnern möchte.

Auch wenn manche Jäger bei der Rehwildjagd nur an das anschließende Stück Fleisch denken mögen, wird sie für andere, hoffentlich zahlreichere Waidmänner, Ergebnis und Abschluss ihrer Jagdpassion sein. Wie viele eingebildete Jäger habe ich schon erlebt, die von einem Hochsitz aus ein Tier, das ich ihnen gezeigt hatte, erlegten und es dann kaum erwarten konnten, sich wieder in ihr Hotel zu begeben, ohne das geschossene Tier zu besichtigen! Das empört mich jedes Mal aufs Neue.

Die Behandlung des Wildprets

Das Bringen und Ausweiden des Tieres muss sorgfältig und so zügig wie möglich durchgeführt werden. Das Beherrschen dieser Fähigkeiten

Das Aufbrechen und Zerwirken des erlegten Rehs

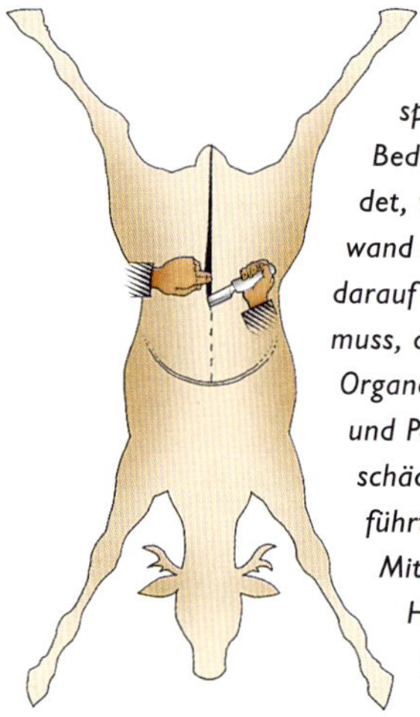

1. Mit einem kleinen, sehr spitzen Messer, bei Bedarf auch abgerundet, wird die Bauchwand aufgeschärft, wobei darauf geachtet werden muss, dass die inneren Organe, vor allem Blase und Pansen, nicht beschädigt werden. Jetzt führt man Zeige- und Mittelfinger der linken Hand hinein und führt das Waidmesser dazwischen weiter vom Schloss bis zum Beginn des Brustbeins. Anschließend werden Blase, Pansen, kleines Gescheide, Leber und Niere herausgeschärft. Letztere werden aufgehoben, sie sind eine Delikatesse.

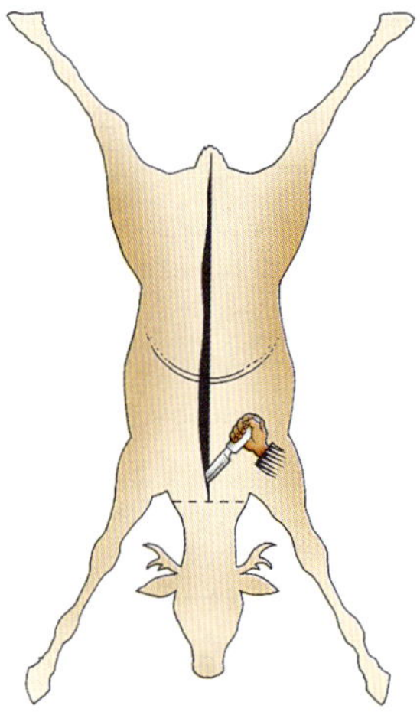

2. Mit einem großen Waidmesser wird nun das Brustbein bis zum Träger durchsägt. Herz und Lunge werden herausgeschärft, und das Tier wird sorgfältig ausgewaschen.

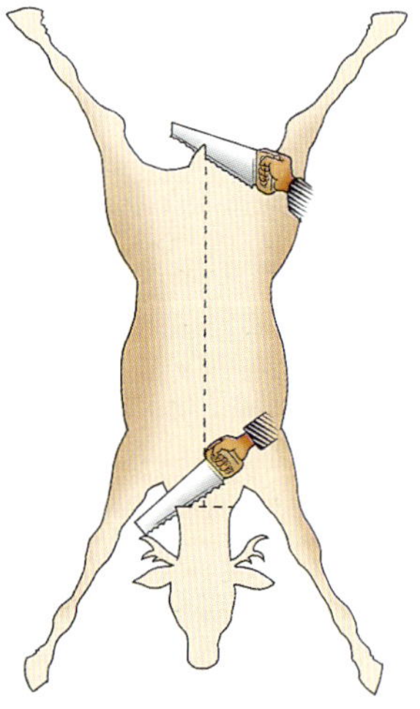

3. Der Metzger zerlegt das Tier mit einer Säge entlang der Wirbelsäule bis zum Träger. Dann wird der Kopf abgesägt.

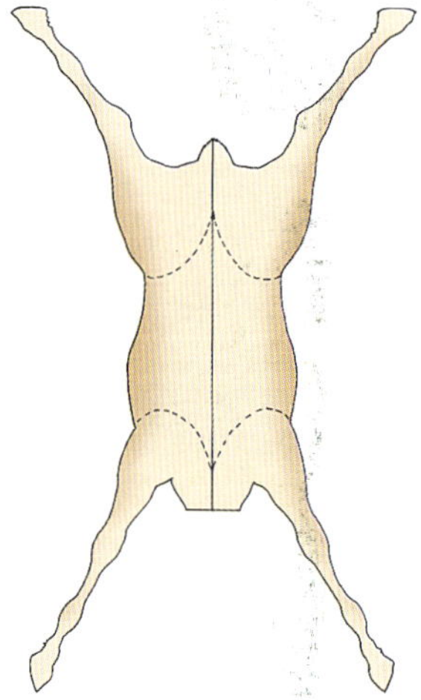

4. Das Tier ist in zwei Hälften geteilt. Die beiden Schulterblätter werden abgelöst und vier Rippenstücke abgesägt. Die restlichen Rippenstücke werden zusammen mit dem Wedelziemer und zwei Keulen abgelöst.

muss jeder Jäger bereits bei der Jägerprüfung unter Beweis stellen.

Das vollständige Ausweiden des Tieres muss sehr rasch geschehen. Hier ist größte Sorgfalt geboten, damit bei der Öffnung der Bauchwand der gefüllte Pansen nicht verletzt und das Wildpret nicht beschmutzt wird. Es gibt spezielle Messer mit abgerundeter Spitze, die diese Arbeit erleichtern. Bei Bedarf werden die Verunreinigungen der Verletzung abgeschabt, oder, wenn der Pansen stark verletzt ist, mit Wasser und Papiertüchern abgewischt.

Das Tier wird dann mit dem Kopf nach unten aufgehängt, damit das Blut und die Körperflüssigkeiten auslaufen können und das wertvolle Wildpret sauber bleibt. Die Decke wird sorgfältig abgezogen, um zu vermeiden, dass das Fleisch mit dem Haar in Berührung kommt. Sie fallen leicht aus und sind sehr schwer abzuziehen, solange die Decke noch am Wildpret haftet. Diese sollte außerdem außer Reichweite von Fliegen sein. Wildpret ist eine äußerst begehrte und gesuchte Delikatesse.

Die Behandlung der Trophäe

Schon immer war es dem Jäger ein Bedürfnis, seinem Jagdstolz Ausdruck zu verleihen – sei es durch eine Felsmalerei oder durch die bleibende Erinnerung einer Trophäe, um damit seinen Freunden zu imponieren. Welcher Jäger ist nicht versucht, einmal den Kopf eines erlegten Bockes zu präparieren?

Die Behandlung und das Herrichten einer Trophäe sollten nur von einem ausgewiesenen Fachmann durchgeführt werden. Nur er wird in der Lage sein, eine Trophäe optimal zu präparieren und ihr eine lebendige Erscheinung zu verleihen. Leider sind in diesem Bereich auch viele Pfuscher am Werk. Sie machen aus einer Trophäe eine unförmige Gestalt, was den Kenner höchstens zum Schmunzeln bringt. Gute Arbeit hat dementsprechend auch ihren Preis. Sparsamkeit wird sich nicht auszahlen, spätes-

Die Ausrüstung für das perfekte Zerteilen des Schädels

Das Zerteilen eines Schädels

Nach der Jagd

tens dann nicht, wenn Milben an der schönen Erinnerung nagen.

Um den ganzen Kopf für die Trophäe zu verwenden, wird die Decke bis hinter die Schulterblätter abgezogen. Der Dermoplastiker kann immer noch etwas abziehen, aber es wird schwierig sein, wieder etwas anzusetzen! Die Trophäe kann zur Präparierung auch tiefgekühlt werden. Wenn ein Ganzpräparat erstellt werden soll, muss das Reh sofort in die Werkstatt des Dermoplastikers gebracht werden. Er wird dann selbst das Aufbrechen vornehmen. Die Skalpellschnitte müssen schließlich hinterher wieder zugenäht werden.

In der Werkstatt wird die Decke vollständig abgezogen. Sie wird sorgfältig entfettet und vom Fleisch befreit. Nach mehrmaligen und manchmal langwierigen Gerbvorgängen wird der Kopf auf ein Plastikmodell aufgezogen. Die Zeit, als die Tiere auf ein Eisengestell gezogen und mit Pferdehaar ausgestopft wurden, ist längst vorbei. Die heutigen Modelle werden nach der Muskulatur geformt und sehen sehr naturgetreu aus. Es ist sicher gut, dem Dermoplastiker zu beschreiben, welchen Platz die Trophäe später bekommen soll. So kann er sie entsprechend gestalten. Das Gehörn kann zusammen mit einem Teil des Schädels auf ein Schild gesetzt werden. Mit den Geweihstangen wird ebenso verfahren. Die Läufe mit den Schalen lassen sich zu sehr dekorativen Gewehrständern verarbeiten.

Alle Trophäen werden sofort nach dem Abschlagen in die Werkstatt gebracht. Ein wenig Geduld ist schon gefordert, bis man nach dem Gerben, Aufziehen, Zurechtmachen und Trock-

Der Teckel sucht die Blutspur eines krank geschossenen Rehs.

nen die gelungene Arbeit mit nach Hause nehmen kann.

Die Nachsuche

Gleich welcher Art die Jagd auch ist, die Gefahr, ein Tier krank zu schießen, insbesondere bei der Treibjagd, ist immer da und darf nicht verleugnet werden. Ob nun durch Ungeschicklichkeit oder zu schnelle Schussabgabe, es bleibt stets ein schwerer Fehler. Erste Pflicht des Jägers ist es daher, das krank geschossene Tier zu suchen. Die Suche gestaltet sich nicht immer einfach, und auch hier sind einige Regeln zu beachten.

Die oberste Regel der Schweißarbeit heißt Warten. Ob mit oder ohne Hund, jedes überstürzte Handeln ist zu vermeiden. Die Stellung des Schützen muss genau vermerkt werden, ebenso der vermutete Anschuss. Hinsichtlich der Wahl der Munition sei an dieser Stelle auf das Kapitel »Waffen und Ballistik« verwiesen. Die Beschaffenheit der Kugel muss in jedem Fall ermöglichen, dass das Blut aus der Wunde fließen kann, um das Tier leichter zu finden. Eine gute Beobachtung der Reaktion des getroffenen Tieres kann Aufschluss über den Ort und die Wirkung des Schusses geben. Die einschlägige Literatur stellt dazu entsprechende Übersichten zur Verfügung.

Bei einer Treibjagd muss darauf geachtet werden, die Hunde festzuhalten und keine Pirschzeichen des Wildes zu zertreten. Man beschränke sich auf einige 100 Meter. Das krank geschossene Tier darf unter keinen Umständen verfolgt werden, wenn es schnell gefunden werden soll. Wenn diese Regeln beachtet werden, sind die Chancen, das Tier zu finden sehr groß. Es wird sich nicht verfolgt fühlen, bleibt deshalb stehen, wird steif, schweißt und kann nicht mehr fliehen. Die Schweißarbeit sollte erst einige Stunden später oder am nächsten Tag erfolgen.

Ein Hund wird eine Schweißfährte um so besser ausarbeiten, je mehr der eigentliche Geruch des Wildes verschwindet. Die Suche ist einfacher, wenn es nur einen Führer und den Schweißhund gibt.

Obwohl diese Methode bisher selten eingesetzt wird, gewinnt sie langsam an Boden. Man sollte sich aber darüber im Klaren sein, dass, bevor ein Hund für die Schweißarbeit abgerichtet wird, zunächst einmal der Jäger über das Abrichten genau Bescheid wissen muss. Nichts ist schwieriger, als einem Jäger richtiges Verhalten bei der Schweißarbeit zu vermitteln. Die meisten Jäger wollen lieber sofort weiterjagen, als ein eventuell krank ge-

Ein Hannoverscher Schweißhund auf der Krankfährte

Nach der Jagd

Der Hannoversche Schweißhund bei der Nachsuche

Pirschzeichen

Zeichen des getroffenen Stückes am Anschuss:

– Schweißtropfen: rubinrot, wenn es sich um eine arterielle Wunde handelt; dunkelrot bei Venenschweiß; tief braun, wenn er von der Leber stammt; dunkelrot mit Nahrungsresten oder fäkalen Anteilen, wenn er aus dem Pansen oder Gescheidebereich kommt; hellrot und leicht schaumig bei Lungenschweiß.

– Knochensplitter, die immer schwer zu identifizieren sind. Röhrenknochen deuten auf einen Laufschuss hin.

– Weiße Gewebeteile: Knochenmark hinterlässt beim Zerreiben zwischen den Fingern keine Rückstände, Fettgewebe dagegen einen fettigen Film.

– Gewebefragmente von Darm, Muskeln oder Leber. Sie geben Auskunft über den Verlauf des Schusskanals.

– Schnitthaar, dessen Farbe (hell oder dunkel) auch auf den Einschuss hinweisen kann. Beim geringsten Zweifel und beim geringsten Zeichen sollte die Nachsuche nach einer gewissen Zeit mit Hilfe eines Schweißhundes durchgeführt werden.

schossenes Tier suchen. Dennoch ist Optimismus gefragt. Setzen wir also auf die Weisheit der Hubertus-Brüder, die nie ein krank geschossenes Tier, das sie nur nach dem Geruch suchen konnten, in der Natur verenden lassen würden, und sei es auch nur, um mit gutem Beispiel voranzugehen!

Es gibt einige Verbände, die sich auf die Nachsuche von krank geschossenem Hochwild spezialisiert haben und eigene Führer ausgebildet haben. Ein Anruf genügt (Adressen gibt es bei den Hegeringleitern und dem deutschen Jagdgebrauchshundeverband), damit sie sich an Ort und Stelle begeben können. Ihr Eingreifen geschieht stets auf freiwilliger Basis. Es empfiehlt sich, eine Regelung in den Bestimmungen der Gesellschaft über die Nachsuche vorzusehen und mit den Nachbargesellschaften genaue Vereinbarungen über das Folgerecht zu treffen.

Dass sich jeder Hund für die Schweißarbeit eignet, ist sowohl richtig als auch falsch. Die Arbeit von Führer und Hund erfordert höchste Disziplin. Der Hund wird ausschließlich zum Fährten eingesetzt. Er darf nicht jagen und muss ganz auf Wildschweiß, nicht aber auf den Geruch des Tieres abgerichtet sein. Diese Ausbildung ist hart und langwierig. Die in Deutschland am häufigsten eingesetzten Hunde sind Rauhaarteckel sowie natürlich Rassen wie Deutsch Kurzhaar und Deutsch Drahthaar, sofern sie diszipliniert und durchtrainiert sind.

Der Hannoversche Schweißhund und der Bayerische Gebirgsschweißhund sind speziell in dieser Disziplin ausgebildet.

Es wird sicher schwer werden, nach einer Jagd auf Rehwild einen Nachsucheführer zu finden, der einen Hannoverschen Schweißhund auf eine Schweißfährte setzt. Nachsuchen auf Rehwild ist nicht seine zugedachte Aufgabe, denn der Hannoveraner ist ein ausgesprochener Hochwildhund (Hirsch, Sau). Um einen sicheren Nachsuchehund auf Rehe zu haben, wird man sich auf den Bayerischen Gebirgsschweißhund oder wie schon erwähnt auf einen anderen auf Schweiß eingearbeiteten Hund verlassen.

Treffer und Zeichnen

Ist die Kugel aus dem Lauf, hält kein Teufel sie mehr auf.« Ob auf Ansitz oder Pirsch oder bei der Drückjagd – der Schuss auf ein Stück Wild darf erst abgegeben werden, wenn das Wild eindeutig angesprochen wurde, jegliche Gefährdung der Umgebung ausgeschlossen und nach den Umständen ein sauberer, das heißt sofort tödlicher Schuss möglich ist. Hierzu muss das Wild frei und möglichst breit stehen, damit ein Blattschuss angetragen werden kann. Ob es die eigene Schießfertigkeit gestattet, ziehendes oder trollendes Wild sauber zu erlegen, muss der Einzelne verantwortungsvoll selbst beurteilen. Auf hochflüchtiges Rehwild ist ein wirklich sauberer Schuss in der Regel Zufallssache – entgegen anders lautenden Behauptungen selbst ernannter Meisterschützen.

Unter einem Blattschuss versteht man weniger einen Schuss auf die vordere Blattschaufel, als vielmehr einen Treffer im gesamten Bereich der Kammer (Brustraum). Dieser bietet eine vergleichsweise große tödliche Trefferfläche. Der Kammerschuss ist also auch dann noch tödlich, wenn der Sitz der Kugel wegen Verwackelns um wenige Fingerbreit vom eigentlichen Haltepunkt abweicht. Passiert dies beim Schuss auf den Träger oder Trägeransatz, wird das Stück im günstigsten Fall glatt gefehlt, im ungünstigeren Fall aber schwer verletzt.

Beim Kammerschuss geht der Schütze mit dem Zielstachel am besten kurz hinter dem Vorderlauf senkrecht nach oben bis zur Kammermitte und schießt dann. So ist die Wahrscheinlichkeit am größten, auch bei geringen Abweichungen des tatsächlichen Einschusses das Tier schlagartig zu töten. Das so genannte Zeichnen des beschossenen Stückes Rehwild gibt Aufschluss über den Sitz der Kugel. Bei einem Treffer »Mitte Blatt« macht das Reh eine mehr oder weniger hohe Flucht beim Auftreffen des Geschosses und flieht dann bis zum Zusammenbrechen meist noch ein paar Meter nach vorne.

Bei Abweichungen vom eigentlichen Haltepunkt unterscheidet man folgende Treffer:

– Hochblattschuss (tödlich): Wird bei einer Abweichung nach oben zugleich auch die Wirbelsäule getroffen, bricht das Stück schlagartig zusammen.

– Tiefblattschuss (tödlich): Das unterhalb der horizontalen Körpermittellinie liegende Herz wird getroffen. Das Stück reagiert mit einer steilen Flucht nach oben und bricht entweder sofort oder nach einer kurzen, oft im Halbkreis verlaufenden Fluchtstrecke zusammen.

– Weidwundschuss (bei starken Kalibern allenfalls im Einzelfall tödlich): Die hintere Körperhälfte wird getroffen. Je nach exaktem Sitz des Treffers reagiert das Reh nur mit einem kurzen »Zusammenrucken« (Leber, Pansen) und/oder schlägt mit den Hinterlaufen aus (kleines Gescheide), um dann meist mit gekrümmtem Rücken in schwerfälligen, langsamer werdenden Fluchten davon zu ziehen. Eine Nachsuche ist meist erforderlich.

– Laufschuss: Das Stück fällt unter Umständen kurz um oder schlägt nach hinten aus (Keulenschuss). Bei der Flucht wird der getroffene Lauf nicht eingesetzt. Beim Keulenschuss hängt die Flucht davon ab, ob Knochen oder nur Wildpret getroffen wurde. Unter Umständen kommt das Stück auch nicht mehr fort.

– Krellschuss: Streifschuss über den Rücken, bei dem ein Dornfortsatz der Wirbelsäule getroffen wird. Das Stück bricht blitzartig zusammen, kommt nach kurzer Zeit taumelnd wieder hoch und flieht nach einer kurzen Erholungsphase meist wie gesund.

Nur auf kurze Distanzen und bei entsprechendem Schießvermögen darf, wenn überhaupt, der Schuss auf den Träger in Frage kommen. Folge eines misslungenen Trägerschusses ist oft z. B. ein Drosseldurchschuss, an dem das Tier langsam und qualvoll verendet. Auch der Schuss auf das kleine Haupt ist äußerst unsicher und führt schnell zu einem hässlichen Äsertreffer. Eine Ausnahme muss auch der Schuss »spitz von vorn« auf den Brustkern oder die Halsgrube bleiben: Wiederum ist die tödliche Trefferfläche sehr klein. Schon bei geringer Abweichung gleitet das Geschoss unter Umständen an den Rippen oder der Blattschaufel nach außen ab. Der Schuss »spitz von hinten« auf den Spiegel ist streng verpönt. Er ist unsicher, zerstört meist viel wertvolles Wildpret und verunreinigt dieses durch Gescheide- und Panseninhalt von innen her.

Die Wilderei

Seit es Regeln und Gesetze gibt, versucht der Mensch, sie zu umgehen. So, wie er sich seit jeher das Wild zu eigen machen wollte, ob nun aus Notwendigkeit oder Vergnügen, ist auch die Wilderei zwar unschön, aber dennoch Realität. Und nur weil Wilderer schwer zu fassen sind, darf nicht so getan werden, als gäbe es sie nicht. Heutzutage ist Wild nicht mehr für Wilderer bestimmt, und die Sanktionen sind streng, wenn auch in manchen Augen nicht streng genug. Doch wer träumt in seinem tiefsten Inneren nicht auch davon, einmal ein Lump zu sein, Schlingen zu legen, Fallen zu stellen? Es sollte aber nur ein Traum bleiben.

Alle Wildarten sind von dieser Misswirtschaft betroffen und selbstverständlich auch das Reh. Die häufigste Form der Wilderei wird zweifellos aus dem Auto geübt. Motiv ist dabei die Habgier, denn das Wildpret wird illegal verkauft. Was noch schlimmer ist und leider viel zu oft vorkommt, ist der Abschuss eines Rehbockes aus Verlangen nach der Trophäe. Die Überreste des getöteten Tieres werden dann oft einfach in einem Strauch liegen gelassen.

Nächtliche Jagden mit dem Auto im Scheinwerferlicht sind schlicht und einfach Gangstermethoden. Meistens stecken organisierte Banden dahinter, selten ein Jäger im wahrsten Sinne des Wortes. Sie betreiben einen wahren Schwarzmarkt für einige skrupellose Gastronomen, die kein Risiko scheuen. Aber auch sie können jederzeit von der Polizei kontrolliert werden und müssen dann Herkunft und Legalität ihrer Versorgungsquelle rechtfertigen. Andernfalls wird die Rehkeule mit Jägersauce einen bitteren Beigeschmack haben.

Es kann sich aber genauso gut um Trophäenschmuggel handeln. In diesem Fall werden nur der Kopf und die Läufe mitgenommen. Der Rest des Skeletts wird durch seinen Gestank leicht zu finden sein! Diese Form der Wilderei wird durch die Nachfrage noch forciert. Wie überall gibt es

Welch trauriges Ende! Dieses Tier wurde sicher mit einer Schrotflinte geschossen.

Jagdschutzbeamte im Kampf gegen die Wilderei in Frankreich. Ein Nachtsichtgerät gewährleistet ideale Sicht in der Nacht.

auch unfähige Jäger, die die Wände ihres Häuschens oder Wohnzimmers sinnlos mit Trophäen schmücken. Oft kommt es während der Blattzeit zu diesen Verbrechen. Glücklicherweise verstärken die Jagdschutzbeamten ihre Wachsamkeit und Kontrollen zu dieser Zeit.

Das Fallenstellen mit der Schlinge wird mancherorts zwar noch praktiziert, geht aber zurück. Das Können und die Gewitztheit früherer Wilderer verliert sich allmählich – zum Glück für Moral und Gesetz. Ich muss zugeben, dass ich selbst hin und wieder ein wenig Bewunderung für einen ganz bestimmten Wilderer empfinde, denn er hat mir viel Wissen über die Natur beigebracht. Doch es hilft nichts, Vorschrift ist Vorschrift!

In der »schönen« alten Zeit war die Wilderei noch weniger als ein Kavaliersdelikt. Alle Jagden waren in herrschaftlicher Hand und die angestellten Jäger sowie Förster hatten große Mühe, die Wilderei in Grenzen zu halten. Besonders in den Bayerischen Bergen waren es die Bauern, die nicht zuletzt aus purer Not zur Wilderei gezwungen waren. Dies blieb nicht immer ohne Folgen, mancher mit Ruß im Gesicht geschwärzte Wilddieb blieb dabei auf der Strecke. Zu jener Zeit herrschte zwischen Jägern und Wilderern fast Krieg: Von beiden Parteien ging der eine oder andere zum letzten Mal in den Wald.

Wahlabschuss und Jägerpflichten

Der selektive Abschuss von Rehwild nach wildbiologischen Kriterien setzt voraus, das Wild nach Geschlecht und, im Rahmen des Möglichen, nach Alter sicher ansprechen zu können. Hier ist noch kein Meister vom Himmel gefallen. Diese Fähigkeit kann der Jungjäger nicht in der Theorie, sondern nur durch viel Übung im Revier sammeln. Ein gutes Fernglas ist zweifelsohne ein sehr hilfreiches Hilfsmittel, ersetzt aber keine Erfahrung. Der Anfänger kann am meisten von »alten Hasen« profitieren. Er sollte sich nicht zu schade sein, möglichst oft einen älteren Jäger zu begleiten und sich von diesem die Merkmale zur Ansprache des Wildes erläutern zu lassen.Genauso wichtig ist es aber, die biologischen Eigenheiten des Rehwildes zu kennen und zu wissen, warum welches Stück erlegt werden sollte. Auch hier ist ein erfahrener Jäger der beste Lehrmeister. Der wildbiologisch sinnvolle Abschuss eines Jährlings bereitet dem verantwortungsbewussten Jäger nämlich mindestens ebenso viel Freude wie der starke alte Bock, der im Wesentlichen nur wegen seiner Trophäe erlegt wurde.

Irrtümer sind natürlich nie ausgeschlossen und unterlaufen auch gestandenen Jägern gelegentlich, zumal die viel zitierten »todsicheren Altersmerkmale« mit fortschreitendem Alter des Rehwildes zunehmend unbrauchbar werden. Nicht selten stellt dies der Schütze spätestens am erlegten Stück fest. Jeder Jäger sollte jedoch in der Lage sein, Jährling oder Schmalreh von einem älteren Stück und auch einen zweijährigen »Jüngling« von einem starken alten Bock unterscheiden zu können.

Ansprache und richtige Auswahl nutzen wenig, wenn es dem Jäger an den notwendigen Schießfertigkeiten mangelt. Nicht nur der Jungjäger, sondern auch der erfahrene Jäger haben die Verpflichtung, ihr Schießvermögen fortlaufend auf dem Schießstand zu trainieren und zu verbessern. Schießfehler wie das so genannte Mucken können in der Praxis zu üblen Krankschüssen führen.

Nach dem Neukauf einer Waffe muss sich der Jäger mit dieser vertraut machen: Den Abzugswiderstand und das Verhältnis der Waffe beim Schuss muss er genauestens kennen, ihre sichere und flüssige Handhabung muss ihm in Fleisch und Blut übergehen. Beim Schuss auf lebendes Wild darf ihn die Waffe nicht mehr »überraschen«.

JAGDHUNDE

Seit Urzeiten spielt für den Menschen – hauptsächlich als Jäger – das Zusammenleben mit dem Hund eine bedeutende Rolle. Im Laufe der Zeit wurden für das jagdliche Brauchtum Rassen gezüchtet, die in allen Bereichen der Jagd ihren speziellen Einsatz finden. Der Ruf eines guten Jagdhundes fällt letztlich immer auf seinen Herrn zurück. Neben den natürlichen Anlagen des Tieres ist die Einarbeitung für seine spätere Leistungsfähigkeit von großer Bedeutung. Die Abrichtung erfordert viel Zeit und Engagement, denn selbst innerhalb einer Jagdhunderasse können sich die Eigenschaften von Hund zu Hund unterscheiden.

Der Jäger und sein Hund

Die Hunde für Rehtreibjagden dürfen nicht zu schnell sein, um zu vermeiden, dass das Reh überrascht oder beunruhigt und dann auf seinen üblichen Wechseln flieht. Sehr geeignet sind der Anglo-Français de petite vénerie, der Grand Griffon Vendéen oder der Beagle-Harrier.

Die Wahl der Rasse

Die Wahl der Rasse hängt vom Jagdrevier ab. Der niederläufige Jagdhund eignet sich gut für ebene Reviere mit offenen, klar strukturierten Wäldern. Nicht geeignet sind sie für Berglandschaften und Wälder mit vielen Dickungen. In diesen Biotopen sollte den hochläufigen und rauhaarigen Jagdhunden der Vorzug gegeben werden. In großen Wäldern oder Berglandschaften mit dichtem Unterwuchs sind hochläufige und rauhaarige Jagdhunde auf der Drückjagd weit überlegen.

Das Reh (Cervus Capreolus) ist die kleinste wildlebende Cervidenart in Europa. Böcke und Geißen können durch spezifische Merkmale unterschieden werden.

Der Gehorsam

In praktischer Hinsicht liegt es auf der Hand, dass folgsame Hunde bessere Leistungen bringen. Es gibt zwar keine absoluten Regeln, man kann aber davon ausgehen, dass bei Laufhunden, Terriern und Teckeln Gehorsam durch zahlreiche, regelmäßig wiederholte und konsequent durchgeführte Übungen erreicht werden kann, die gewissermaßen zur Gewohnheit werden. Dieser fortschreitende Lernprozess erfordert jedoch seitens des Herrn viel Geduld und Ausdauer.

Man sollte sämtliche verfügbare Zeit für die Abrichtung zum Gehorsam nutzen. Spaziergänge fördern dabei die gute Bindung zwischen Herr und Hund erfahrungsgemäß am besten. Man kann selbstverständlich auch die Jagdtage nutzen, wenn man dabei nicht zu anspruchsvoll ist. Nach der Jagd ist es außerdem einfacher, seine Hunde etwas versetzt hinter sich laufen zu lassen. Hierfür kann ein Koppelriemen verwendet werden, der im Fachhandel angeboten wird.

Die Disziplin

Dass der Hund dem abstreichenden Wild nicht nachhetzt, ist für die Jagdpraxis eines der obersten Gebote. Es zeichnet einen gut abgerichteten Hund aus. Das Beherrschen der Befehle »Sitz«, »Halt« oder »Platz« kann die Sache wesentlich vereinfachen.

Man kann den Hund frei laufen lassen und erst im geeigneten Moment an ihn herantreten.

Der rauhaarige Français ist Spezialist für die Jagd auf Hirsch, Sau und Reh. In Frankreich wird er in der Meute gehalten.

Ihn dann am Halsband fassen, gut zureden, um ihn zu beruhigen, und das Reh entkommen lassen. Dabei den Hund gut festhalten, damit er dem Stück nur nachblicken kann. Nachdem der Hund noch eine Weile ruhig gehalten wurde, lässt man ihn weitersuchen. Einige kurze, regelmäßig wiederholte Übungseinheiten reichen im Allgemeinen aus, um sein Temperament zu zügeln.

Hat sich die schlechte Gewohnheit erst einmal eingeschlichen, reicht das Kommando alleine häufig nicht aus. Besonders wenn auf freiem Feld gejagt wird, wo der Hund das Wild über weite Strecken hinweg mit den Augen verfolgen kann.

Der Appell

Da sich Laufhunde, Terrier und Teckel bei der Verfolgung der Wildfährte manchmal mehrere Kilometer von ihrem Hundeführer entfernen, müssen sie lernen, sich abrufen zu lassen. In der Regel verhindert ein sicherer Appell, dass man das Revier ohne Hunde wieder verlässt, was auf keinen Fall passieren darf. Die klassischen Abrichtemethoden mit Autorität und Liebkosen bzw. Leckereien genügen meistens.

Es empfiehlt sich, die Hunde bei der Fütterung an den Appell mit dem Horn zu gewöhnen, denn dann sind sie aufmerksam bei der Sache. Wenn sie sich an den Ton des Instruments

Geiß beim Überfliehen eines Waldweges. Aus Gebieten, die wieder von Hirschen besiedelt werden, ziehen sich die Rehe zurück, da sie sich von großen Tieren gestört fühlen.

Rauhaarteckel sind bei einer Drückjagd auf Rehwild mit Sicherheit sehr erfolgreiche Hunde.

gewöhnt haben, folgen einige praktische Ausbildungsgänge in der Natur. So kann man sich beispielsweise rückwärts von den Hunden entfernen oder sich hinkauern und dabei abwechselnd ihren Namen rufen und das Horn blasen.

Der Jagdinstinkt

Der Besitzer eines Jagdhundes kann es meist kaum erwarten, bis dieser ein Stück Wild verfolgt. Das spurlaute Verfolgen von Wild, ist ein natürlicher Instinkt, der je nach Rasse und Entwicklungsstufe des Hundes früher oder später von selbst zu Tage tritt. Es reicht meistens aus, Geduld zu haben und abzuwarten, bis der Hund die nötige Reife hat, seine erste Fährte zu verfolgen. Man kann die Entwicklung jedoch fördern, indem man ihm ein Schlüsselerlebnis ermöglicht, mit dem er die Schwelle zum vollwertigen Jagdgehilfen seines Herrn überschreitet.

Sobald ein Hund zum ersten Mal eine Spur mit Gebell anzeigt, ist der Jagdtrieb durchgebrochen. Diese Erfahrung braucht nicht wiederholt zu werden, denn er soll sich nicht an eine für die künftige Jagd unter Umständen irrelevante Spur gewöhnen. Nach Ausbildung des Jagdinstinkts konnen für die Junghunde im Zwinger getrost einige Monate vergehen, bis sie endgültig in die Meute eingegliedert werden.

Die Spurtreue

Es gibt Hunde, die von sich aus nur eine bestimmte Spur verfolgen. Sie sind jedoch dermaßen selten, dass man sich besser nicht auf diese natürliche Eigenschaft verlassen sollte.

Entgegen der landläufigen Meinung ist es nicht nötig, Gebiete zu meiden, in denen mehrere Wildarten vorkommen. Je öfter ein Hund auf einer »falschen« Spur ertappt wird, desto schneller wird er begreifen. Ist sich der Jäger über den Fehler des Hundes sicher, muss er ihn stoppen. Danach sollte der Hund so bald wie möglich die Gelegenheit erhalten, das »richtige« Wild herauszustoßen. Wenn der Hund die richtige Spur erkennt und verfolgt, sollte man ihn anschließend genügend loben, damit er den Unterschied begreift.

Stöberhunde

Die Fährte des Rehs

Die Fährte eines Rehs, so ungreifbar, flüchtig und schwach, dass nur unsere vierbeinigen Jagdgehilfen sie wahrnehmen können, hängt von zahlreichen Faktoren ab: Struktur, Beschaffenheit und Temperatur des Bodens, Lufttemperatur, Windrichtung und aktuelle Witterungsverhältnisse (Regen, Schnee, Trockenheit). Je gößer dabei der Unterschied zwischen Luft- und Bodentemperatur ist, desto schlechter die Qualität der Fährte. Die Fährte ist beständig, wenn die Lufttemperatur niedriger als die Bodentemperatur ist, sie ist flüchtig, wenn die Lufttemperatur über der des Bodens liegt. Ideale Fährtenbedingungen herrschen, wenn Luft und Boden die gleiche Temperatur haben und kein allzu starker Wind die Witterung verweht. Starker Frost schwächt die Witterung ab, heftiger Regen oder Dauerregen wäscht die Fährten aus. Lehmhaltige, feuchte Erde hält die Witterung länger als ein trockener und sandiger Boden.

Stöbern ist das Suchen und Heraustreiben des Wildes aus Dickungen, in denen man dem Hund nicht mehr folgen kann. Der Wachtel ist der einzige reine deutsche Stöberhund. Er ist als eigenständige Rasse schon sehr alt und entstammt einer Population altdeutscher Stöberhunde. Daneben werden in Deutschland im Allgemeinen auch Teckel und Terrier zum Stöbern eingesetzt.

Seit 1897 wird der Deutsche Wachtelhund in reiner Leistungszucht auf Spursicherheit, Spurlaut, Nase sowie Stöber- und Wasserfreude gezüchtet. Rudolf Friess gründete 1903 den Verein Deutscher Wachtelhunde

Der Deutsche Wachtelhund

Der Deutsche Wachtelhund wird in zwei Farbschlägen gezüchtet, als einfarbig dunkelbraune Wachtel, die als beliebter Kurzjäger Verwendung findet, sowie als so genannter Braunschimmel, der als Weitjäger besonders beim Hetzen angeschweissten Wildes gut geeignet ist.

Der mittelgroße deutsche Stöberhund ist der klassische Begleiter für den Nieder- und Hochwildjäger. Als Allrounder bewältigt er das Aufsuchen von Wild, die Nachsuche verletzter Stücke und besonders auch die Wasserjagd. Einzig das Vorstehen ist nicht sein Metier – was er als Stöberer auch gar nicht muss. Das Apportieren reicht bis zu Stücken von Hasengröße; kräftige Rüden bringen auch einen Fuchs.

Der Deutsche Wachtelhund wiegt durchschnittlich 20 Kilogramm. Die Schulterhöhe beträgt beim Rüden 48 bis 51 Zentimeter und bei der Hündin 45 bis 51 Zentimeter. Sein Körper ist deutlich gestreckt. Die Brust reicht tief nach unten, der Bauch ist leicht eingezogen. Sein Fang ist breit und robust mit einer großen braunen Nase. Die Läufe sind stark ausgebildet. Das lange, widerstandsfähige, dichte und wellige Fell, kann auch gelockt oder glatt sein. Der hoch angesetzte Behang ist flach und nicht gelockt. Er ist weder zu lang noch zu dick.

Dem Hang des Deutschen Wachtelhundes zur Gefräßigkeit sollte nicht nachgegeben werden. Ob Fertignahrung (500 Gramm Fleisch im Durchschnitt) oder häuslich zubereitetes Futter – es wird einmal am Tag, nämlich abends, verabreicht, so wie bei echten Jagdhunden üblich. Auf die Ausgewo-

Der Deutsche Wachtelhund kann ausdauernd in jedem Gelände arbeiten.

genheit des Futters sollte zusätzlich geachtet werden.

Dieser Jagdhund ist ein guter Begleithund, jedoch ist von frühester Jugend an eine konsequente Erziehung notwendig. Er benötigt Auslauf und Bewegung. Auch wenn er in der Wohnung gehalten werden kann, ist er kein Schoßhund. Als Fellpflege genügt regelmäßiges Bürsten. Der Behang muss sorgfältig beobachtet werden.

Der Teckel

Der Teckel, egal ob Kurzhaar-, Langhaar- oder Rauhaarteckel, ist als Erdhund ebenso zur Fährtenarbeit wie auch zum Stöbern einsetzbar. Er ist sehr mutig und verfügt über einen sehr guten Geruchssinn. Seine Bodennähe und gut ausgeprägte Nase verhelfen ihm die Spur des Wildes lange und sicher zu halten.

Der Kurzhaarteckel ist die Urform der Teckel. Der heute meist geführte Rauhaarteckel ist vermutlich eine Kreuzung aus Kurzhaarteckel, Schnauzer, Pinscher und Dandie-Dinmont-Terrier – eine Mischung, die ihn von den anderen Teckeln unterscheidet. Wendet man bei Rauhaarteckeln die gleiche Abrichtungsintensität wie bei großen Hunden an, wird man überrascht sein, was in diesem kleinen Hund steckt. Selbst auf Wildarten, die er nicht jagen soll, wird er mit der Trillerpfeife zu lenken sein.

Der Langhaarteckel entstand aus dem Kurzhaarteckel und langhaarigen Stöberhunden, sicher wurden auch Spaniels mit eingekreuzt.

Der Kurzhaarteckel

Der Kurzhaarteckel ist sowohl für die Baujagd wie auch für Fährtenarbeit, Stöbern und Buschieren einsetzbar, ursprünglich auch für die Schweißarbeit. Er ist mutig sowie beißfreudig und verfügt über einen sehr gut entwickelten Geruchssinn.

Der Kurzhaarteckel ist für die Arbeit über der Erde und im Bau gleichermaßen beliebt.

Der Kurzhaarteckel ist der älteste Teckelschlag. Er ist kurzläufig und kompakt, darf aber weder plump noch schmächtig wirken. Der langgestreckte Kopf verjüngt sich zum Nasenschwamm hin. Die Augen liegen seitwärts. Der flache Behang ist hoch, der vordere Saum liegt dicht an der Wange an. Der Hals ist muskulös und trocken. Die Vorderläufe sind muskulös. Das Haarkleid ist einfarbig (rot, rotgelb, gelb), zweifarbig (schwarz, braun, grau mit hellbraunen Abzeichen), gefleckt (Grundfarbe hellbraun, hellgrau oder auch weiß, mit dunkelbraunen, dunkelgelben oder schwarzen Abzeichen), manchmal auch gestromt.

Seinem bettelnden Blick bei Tisch darf man nicht nachgeben, sonst wird er schnell zu dick. In Jagdzeiten bekommt er eine doppelte Ration. Sonst rechnet man für den Normalschlag etwa 190 Gramm Fleisch pro Tag.

Der unabhängige Teckel ist nicht so unterwürfig, wie man meinen könnte, der Kurzhaarteckel noch weniger als die anderen Schläge. Er ist aber relativ leicht abzurichten. Man darf nur nicht zu schnell nachgeben.

Der Rauhaarteckel

Eine Spezialität des Rauhaarteckels ist die Nachsuche auf angeschweißtes Haarwild wie Rehe. Seinen ganzen Mut zeigt er beim Einsatz als Bauhund an Fuchs unter der Erde. Außerdem eignet er sich zum Stöbern und Buschieren. Er ist ausdauernd und hat eine sehr gute Nase. Es gibt ihn als Normalschlag (7 kg), Zwergteckel (4 kg) und Kaninchenteckel (3,5 kg).

In ihrer Erscheinung sind sich alle Teckel ähnlich: Sie sind kurzläufig, kompakt und dürfen weder plump noch schmächtig wirken. Der langgestreckte Kopf verjüngt sich zur Nasenspitze hin. Die ovalen Augen befinden sich seitwärts am Kopf. Der Behang ist hoch, eher hinten angesetzt und liegt dicht an der Wange an. Der Hals ist muskulös und trocken. Die kräftigen Vorderläufe eignen sich gut zur Erdarbeit. Das Haarkleid ist meist graubraun mit hellbraunem Fang und Pfoten.

Rauhaarteckel besitzen einen starken Eigenwillen. Diesen zu brechen und einen führigen Hund aus ihm zu machen, setzt einige Erfahrung voraus. Meist wird die gewünschte Abrichtung beim ersten Hund nicht ganz gelingen. Mit dem nötigen Einsatz und ein bisschen Liebe wird man bald sein Ziel erreichen – natürlich nur auf freundschaftlicher Basis. Schlagen Sie einen Hund nie, ziehen Sie ihm lieber die Ohren lang. Solche Schmerzen kennt er aus der Meute. Der Erzieher muss immer der »Oberhund« sein.

Der Langhaarteckel

Trotz seiner eleganten Erscheinung ist der Langhaarteckel ein ausgezeichneter und ebenfalls sehr vielseitiger Jäger. Erdarbeit, Rotfährte, Stöbern und Buschieren liegen ihm gleichermaßen. Er ist mutig, scharf und ausdauernd. Er hat einen sehr gut entwickelten Geruchssinn, den er vor allem im flachen Gelände nutzen kann. Es gibt ihn als Normalschlag (7 kg), Zwerg- (4 kg) und Kaninchenteckel (3,5 kg).

Nicht nur im Herbst, wenn Laub den Waldboden bedeckt, verfangen sich in seinem langen, seidigen Haar allerlei Blätter und Zweige, so dass er für viele Jäger nicht geeignet ist.

Er ist kurzläufig und kompakt und darf dennoch nicht plump wirken. Der langgestreckte Kopf verjüngt sich zum Nasenschwamm hin. Die ovalen Augen befinden sich seitwärts am Kopf. Die flachen Ohren sind hoch, eher hinten angesetzt und liegen dicht an der Wange an. Der Hals ist muskulös und trocken. Die kräftigen Vorderläufe des Lang-

Der Rauhhaarteckel ist ein ausgezeichneter Erdhund, der selbst vor recht geruchsintensivem Wild nicht zurückschreckt.

haarteckels eignen sich gut zur Erdarbeit. Das Haarkleid ist in allen Schlägen entweder einfarbig rot oder schwarz mit roten Brandflecken. Gelegentlich kommt auch die Farbe weiß an wenigen Stellen vor.

Der edle Langhaarteckel wurde eher als Begleit- denn als Jagdhund aus der Taufe gehoben. Er kann problemlos in der Wohnung gehalten werden, denn er ist der ruhigste und anhänglichste unter den Teckeln.

Dem Langhaarteckel aber eine gewisse Frömmigkeit zuzuordnen, wäre mit Sicherheit falsch. Mancher Langhaarteckel hat auf der Schweißfährte ungeahnte Fähigkeiten entwickelt. Man darf nicht vergessen, dass seine Schärfe der des Kurzhaarteckels entspricht und dass er den Spurwillen aus der Einkreuzung vom Stöberhund mitbekommen hat.

Alle Rassen von Teckeln, die jagdlich geführt werden, unterliegen Prüfungen des Deutschen Teckelclubs, wobei eine bestandene Schussfestigkeitsprüfung die Voraussetzung ist, weitere Prüfungen abzulegen.

Teckel sind als gute Schweißhunde bekannt und werden häufig in diesem Bereich eingesetzt.

Der Langhaarteckel wird dem Jäger im Herbst, wenn Kletten im Haar stecken bleiben, manchmal Sorge bereiten. Dann hilft nur noch Haare schneiden.

Der Terrier

Die Jagd auf Fuchs und Sau sind die bevorzugten Einsatzbereiche der Terrier.

Ob am Bau oder bei den winterlichen Sautreibjagden sind diese Hunde durch keine andere Rasse zu ersetzen. Ihre Wendigkeit und Härte, ihre Schärfe und ihr lockerer Hals machen den Terrier für Gesellschaftsjagden beinahe unentbehrlich. Für Drückjagden auf Rehwild findet er weniger Verwendung, da er sehr schnell ist und die Rehe zu einer kopflosen Flucht bringt. Der am meisten in Deutschland geführte Terrier ist der Deutsche Jagdterrier.

Der Deutsche Jagdterrier

Der vielseitige Terrier eignet sich für spurlautes Hetzen, Stöbern über der Erde und am Wasser, Schweißarbeit sowie Apportieren von Niederwild. Alle Wildarten sind ihm recht. Er hat einen ausgeprägten Kampfeswillen und ist in der Jagd auf geruchsintensives Wild unersetzlich.

Dieser kleine Hund (Widerristhöhe 40 Zentimeter) ist länger als hoch. Sein Körper ist solide, der Rücken gerade, die Brust tief. Der flache Schädel ist zwischen den Ohren recht breit und verjüngt sich nach vorne stärker als beim Foxterrier. Der kräftige Fang zeichnet sich durch den starken Unterkiefer aus. Das derbe Haar ist schwarz, grauschwarz meliert oder dunkelbraun, mit helleren Abzeichen an Augenbrauen, Fang und Brust. Die kleinen, tiefliegenden Augen sind dunkel.

Der Deutsche Jagdterrier ist der einzige Terrier, der nicht zum Begleithund geworden ist.

Der Terrier liebt einfache und leichte Ernährung. Er braucht etwa 220 Gramm Trockenfutter pro Tag.

Der Deutsche Jagdterrier wird von Jägern bevorzugt, die Erfahrung mit der Abrichtung und mit charakterstarken Hunden haben. Hat man ihn einmal unter Kontrolle, gehorcht er nur seinem Herrn und ist Fremden gegenüber misstrauisch. Er zeigt meist übermäßige Schärfe.

Der Foxterrier

Der drahthaarige und der glatthaarige Foxterrier sind britischen Ursprungs Europaweit zahlenmäßig stark vertreten, haben sie eine recht breite Zuchtbasis. Trotz seiner kleinen Größe, oder gerade wegen ihr, gehört auch er sicher zu den sehr vielseitigen Jagdhunderassen. Auch er ist für die Baujagd und die Schweißarbeit gleichermaßen geeignet.

Wie der Deutsche Jagdterrier erinnert auch der Foxterrier an einen kleinen Gladiator, der sich furchtlos mit Füchsen und auch körperlich weit überlegenen Sauen anlegt. Treu, mutig, von überschwänglichem Temperament und mit Jagdverstand durchkämmt er unermüdlich den Wald. Passioniert und mit sicherer Nase folgt er Fährte und Spur, um das Wild zu finden und zu jagen. Wenn er aus einer jagdlichen Zuchtlinie stammt, sind seine Qualitäten in der Nasenarbeit unbestritten, er jagt spur- oder zumindest sichtlaut.

Beim Stöbern zeigt er wie sein deutscher Vetter viel Ausdauer und Passion. Seine Wendigkeit und Schärfe macht auch ihn zum idealen Jäger in unübersichtlichem, dichtem Gelände. Er liebt die Jagd leidenschaftlich, hat ein breites Einsatzspektrum und sprüht vor Temperament.

Im Gegensatz zum Deutschen Jagdterrier ist der Foxterrier auch ein sehr verbreiteter Familienhund. Soll er zur Jagd eingesetzt werden, muss beim Kauf genau darauf geachtet werden, dass der Welpe aus jagdlicher Leistungszucht stammt.

Der Jack Russel Terrier

Der Jack Russel Terrier ist gut für Gebüsch und dichtes Unterholz geeignet. Auch für Feldkaninchen und Rehwild kann er eingesetzt werden. Selbst Sauen machen ihm keine Angst. Er ist allzeit zäh und mutig.

Dieser kleine Terrier wird nur 33 (Hündin) bzw. 35 Zentimeter (Rüde) groß. Sein Haarkleid kann weiß sein, weiß mit hellbraunen, gelben oder schwarzen Abzeichen am Kopf und am Schwanzansatz. Er ist rau- oder glatthaarig, mit derbem, enganliegendem und dichtem Haar. Der Schädel ist flach mit kleinen V-förmigen, nach vorn oder seitlich fallenden Ohren. Der Rücken ist gerade und kräftig. Die gerade Rute ist hoch angesetzt und kupiert.

Der Jack Russel Terrier ist nicht schwer zu erziehen, denn er versucht im Gegensatz zu anderen Terrierarten nicht, seinen Kopf durchzusetzen. Er ist sanft, anhänglich und vor allem leidenschaftlich und braucht eine strenge, aber liebevolle Erziehung, wenn er im Haus leben soll.

Bei der Ernährung benötigt er konstante Mengen und Fütterungszeiten. Da er etwas heikel ist, sollte man darauf achten, dass er seine Ration auffrisst. Manchmal kann er jedoch nicht genug bekommen, dann heißt es konsequent bleiben und ihm nicht betteln lassen.

Der Jack Russel, der neue Star unter den Terriern, vereinigt einen guten Charakter mit extremer Effizienz. Er ist ein treuer und sanfter Gefährte, der gerne mit Kindern spielt.

Der Welsh Terrier

Dieser stets fröhliche, umgängliche Hund wird heute mehr als Begleit- und Wachhund und nicht so sehr als Jagdhund verwendet.

Der flinke, immer einsatzbereite Welsh Terrier ist gut proportioniert und kompakt. Er hat robuste, muskulöse Läufe und einen guten Knochenbau. Er ist reichlich behaart.

Der Foxterrier ist europaweit der meist verbreitete Terrier.

Der Jack Russel Terrier findet in Jägerkreisen immer mehr Anhänger.

Schweißhunde

Der Hannoversche Schweißhund – hirschrot mit dunkler Maske

Bei der Jagd auf Schalenwild ist es oberstes Gebot, krankes Wild nachzusuchen und möglichst rasch von seinen Leiden zu erlösen, ein zwingender Bestandteil der Jagdethik. Die Pflicht zur Nachsuche hat ihre Wurzeln in der strengen germanischen Jagdphilosophie und fand in andere, vor allem romanische Länder erst später Einzug. Doch schon im 14. Jahrhundert zeigte auch der Franzose Henri de Ferrières in seinem Jagdbuch *Livre de chasse du Roy Modus* die Grundlagen der Nachsuche auf. Dennoch ist auch heute der Einsatz von Schweißhunden zur Suche verletzter Tiere zum Beispiel in Frankreich nicht so selbstverständlich wie in Deutschland, Österreich, Ungarn und der Schweiz.

Die Schweißarbeit ist zweifelsohne Ausdruck einer gewissen Ethik und des Verantwortungsbewusstseins gegenüber dem Wild – und außerdem ein Gebot des Tierschutzes. Durch die Arbeit auf der Wundfährte können sehr oft Tiere gefunden werden, die durch einen schlecht angetragenen Schuss oder einen Verkehrsunfall verletzt wurden. Neben den vorgenannten ethischen Aspekten hat dies auch wirtschaftliche Gesichtspunkte: Durch die Nachsuche kann wertvolles Wildpret vor der Entwertung bewahrt werden.

Der Begriff Schweißhund kommt nicht von Schwitzen, sondern leitet sich von dem Wort Schweiß ab, das die Jäger für ausgetretenes Wildblut verwenden. Die Qualität dieses Spezialisten hängt von seinen angewölften Fähigkeiten, seiner Erziehung und seiner Erfahrung ab. Der Schweißhund erhält eine besondere Ausbildung, zunächst auf Kunstfährten, dann auf natürlichen Wundfährten. Diese Ausbildung, die schon in jüngstem Alter beginnt, sollte immer nur der Führer selbst vornehmen, um die wichtige Bindung Hund-Führer bereits frühzeitig zu festigen.

Der Welpe arbeitet zunächst kurze Futterschleppen, bei denen er den Gebrauch seiner Nase üben und mit Erfolg (in Form eines Futterbrockens am Ende der Schleppe) verknüpfen kann. Je nach Rasse verläuft die weitere Ausbildung etwas unterschiedlich. Während die Hannoverschen Schweißhunde auf der kalten Über-Nacht-Fährte eines gesunden Stückes Rotwildes eingearbeitet werden, bildet man andere Rassen auf einer künstlich gelegten Rinderblut- oder Schweißfährte aus, wobei die Länge der Fährte mit steigendem Übungsgrad zunimmt und entsprechend die eingesetzte Schweißmenge reduziert wird.

Einen Hund in der »Roten Arbeit« auszubilden und später zu führen, setzt ein gutes Beobachtungsvermögen, Geduld und vor allem ein enormes psychologisches Verständnis voraus. In Deutschland gibt es zwei Schweißhunderassen, der Hannoversche Schweißhund und der Bayerische Gebirgsschweißhund. Beide sind unmittelbare Brackenabkömmlinge.

Für die Nachsuche auf krank geschossenes Rehwild kommt der Hannoversche Schweißhund nur in Ausnahmefällen zum Einsatz, er ist der klassische »Hirschhund«, während der Bayerische Gebirgsschweißhund auf alle Schalenwildarten eingesetzt wird.

Beide Schweißhunderassen sind auf der Wundfährte von krankem Schalenwild kaum durch eine andere Hunderasse zu ersetzen.

Der Hannoversche Schweißhund

Der Hannoversche Schweißhund ist der unmittelbare Nachfahre des Leithundes des Mittelalters. Diese Leithunde waren in ihren Anfängen die ruhigsten und feinnasigsten Hunde der Brackenmeuten.

Das allgemeine Erscheinungsbild ist das eines mittelgroßen kraftvollen Hundes. Die breite tiefe Brust bietet den Lungen viel Raum und ermöglicht lange ausdauernde Hetzen.

Das Fell des Hannoverschen Schweißhundes ist hell- bis dunkelhirschrot und mehr oder weniger stark gestromt. Die Größe eines Rüden beträgt 50 bis 55 Zentimeter, die einer Hündin 48 bis 53 Zentimeter.

Die Einarbeitung eines Schweißhundes erfolgt auf einer beobachteten gesunden Fährte eines Stückes Hochwild (Sau, Hirsch), um die Feinheiten einer Bodenverwundung kennenzulernen und auszuarbeiten.

Der Bayerische Gebirgsschweißhund

Der Bayerische Gebirgsschweißhund entstand in der zweiten Hälfte des 19. Jahrhunderts im deutschen Alpenraum. Man kannte dort bereits die Vorzüge des Hannoverschen Schweißhundes, musste aber feststellen, daß dieser schwere und massige Hund dem Einsatz im extremen Berggelände nicht gewachsen war. So kreuzte man die Tiroler und Brandelbracke in den Hannoveraner ein und schuf den Bayerischen Gebirgsschweißhund.

Der Bayerische Gebirgsschweißhund ist mittelgroß, 47 bis 52 Zentimeter, eher leicht, sehr lebhaft und muskulös. Sein Körper ist leicht gestreckt mit etwas runder Kruppe und wird von nicht zu langen Läufen getragen. Der Bug ist gut entwickelt; die mäßig breite Brust ist deutlich ausgeprägt und lang. Er hat einen leicht gewölbten Bauch und einen starken, länglichen Kopf mit relativ breitem, etwas gewölbtem Schädel. Der Behang ist am Ende abgerundet, schwer und liegt dicht am Kopf an. Sein raues Fell ist am Kopf und am Behang etwas feiner.

Die Einarbeitung eines jungen Bayerischen Gebirgsschweißhundes geschieht mit einem so genannten Fährtenschuh, also auf einer künstlichen Schweißfährte. In den Schuh werden die Schalen eines erlegten Stückes Hochwild eingespannt und damit, nur mit minimaler Zugabe von Schweiß, eine recht natürliche Fährte gelegt.

Der Bayerische Gebirgsschweißhund wird für Nachsuchen auf alles krank geschossene Schalenwild verwendet.

Der Bayerische Gebirgsschweißhund ist darüber hinaus ein hervorragender Geländehund.

Die höchste Qualität eines Laufhundes ist seine Zurückhaltung. Sie resultiert aus seiner Intelligenz, mit der er es versteht, seine eigenen Begabungen in idealer Weise einzuschätzen. Diese Fähigkeit zeigt sich in seiner Spursicherheit. Wenn er einmal die Fährte angenommen hat, muss er sie mit guter Nase sicher verfolgen. Er darf sie auf keinen Fall verlieren.

Auf der anderen Seite steht der weniger gute Laufhund, der seine Fährte weniger sorgfältig ausarbeitet. Solch ein Hund ist bei hohem Tempo in jeder Hinsicht eine Belastung und muss konsequent ausgemustert werden. Ein Reh, das von einem oder mehreren Hunden aufgespürt und ausreichend rege gemacht wurde, wird dann schneller aus der Dickung flüchten als bei einem Hund, der überall verbellt und weidlaut ist. Solche nervösen unverbesserlichen »Verbeller« gehören nicht in die Meute, selbst wenn sich die anderen Hunde nicht um sie kümmern.

Ein guter Hund muss spurwillig sein. Er gibt erst Laut, wenn er die richtige Fährte aufgenommen hat, und bewegt sich in gleichmäßigem Tempo spurlaut auf der Fährte.

Der ideale Laufhund ist also spursicher, scharf, besitzt besonderen Spurwillen für seine Anforderungen vor Ort und in größeren Entfernungen und täuscht sich nicht bei seiner Rückkehr.

Jagden mit Meutehunden werden nur noch in Frankreich und England durchgeführt. Sicher ist es für die Teilnehmer solcher Jagden, vielleicht gar noch hoch zu Ross beeindruckend, die herannahende Verfolgung zu hören. Die Stärke des Geläuts der Meute und ihre Fähigkeiten die Stimme zu halten, verleiht solch einer Jagd die besondere Intensität.

Die Bracken

Die Bracken sind sicher die ältesten Jagdhunde überhaupt, die Urjagdhunde. In der Schweiz und in Frankreich sind sie die Laufhunde par excellence. All ihren Rassen und Schlägen sind feinste Nasen, Spurlaut und Spurwillen nachzuweisen. Ihre Hauptaufgabe war es schon immer, mit tiefer Nase sicher und laut einer Wildfährte zu folgen (Brackieren).

Leider hat man einige Brackenschläge, wie die Heidbracke oder Holsteiner Bracke, mehr und mehr vernachlässigt. In den Ländern, in denen die Brackenjagd kaum noch Bedeutung hat, sind Bracken überhaupt sehr rar geworden.

Die Tiroler Bracke

Die Tiroler Bracke ist ein Hund mit kräftigem Körperbau und harmonischer Linienführung. Dieser passionierte Jäger ist der ideale Gebrauchshund für die Jagd im Wald und im Gebirge. Er zeichnet sich sowohl als Laufhund als auch als Schweißhund aus. Leider werden immer mehr Schläge eingezüchtet, so dass der robuste Hund sein eigentliches Aussehen mehr und mehr verliert.

Man verwendet die Tiroler Bracke individuell als Laufhund bei Hasen- und Fuchsjagd oder als Schweißhund auf angeschossenes oder verletztes Schalenwild.

Die Deutsche Bracke

Aus einer Vielfalt einstiger Brackenrassen ist die Deutsche Bracke geblieben. Sie ist noch immer ein klassischer Hasenhund, locker, spurlaut, spurwillig und äußerst feinnasig.

Die allgemeine Erscheinung ist die eines leichten, hochstehenden, eleganten, gut gebauten Jagdhundes, mit edlem, leichten Kopf, gutem Behang und gut getragener dicker Rute. Die Schulterhöhe beträgt 40 bis 53 Zentimeter.

Die Alpenländische Dachsbracke

Die Alpenländische Dachsbracke gehört ebenfalls zu den ältesten Jagdhunderassen. Ihre bodenständige Heimat sind die Alpenländer und das Erzgebirge, worauf ihr zweiter Name beruht: Erzgebirgler-Dachsbracke. Ihr Name sollte nicht dazu verleiten, dass sich dieser Hund hauptsächlich zur Baujagd für den Dachs verwenden ließe. Dem ist nicht so, der Name weist nur auf seine geringe Größe hin.

Die Dachsbracke wird hauptsächlich in Deutschland zur Nachsuche auf krank geschossenes Schalenwild eingesetzt. Sie ist mittelgroß, kräftig, hat eine edle Erscheinung mit starken Knochen und guter Muskulatur. Dieser sehr führige Hund wird in zwei Farbschlägen gezüchtet. Idealfarbe ist er hirschrot, dunkelhirschrot sowie schwarz mit rostrotem Brand (Vieräugel).

In Österreich wird die Rauhaarige Steirische Hochgebirgsbracke oder Peintinger – so nach ihrem Züchter benannt – gelegentlich auch zur Schweißarbeit eingesetzt. Sie wird im Alpenraum vor allem wegen ihrer Ausdauer gerne geführt.

Alpenländische Dachsbracken gibt es in roten Schlägen oder in schwarz mit rotem Band (Vieräugel).

Ihr ruhiger Charakter und ihre Anhänglichkeit machen die Brandlbracke zu einem guten jagdlichen und häuslichen Begleiter.

Die Brandlbracke wird als Lauf- und als Schweißhund gleichermaßen geschätzt.

Die Brandlbracke

Die Heimat der Brandlbracke sind die Österreichischen Berge. Dort ist sie der Hund des Bergjägers schlechthin. Sie entstammt dem Österreichischen Wildbodenhund.

Die Brandlbracke ist ein leichter, sprungstarker und vielseitiger Hund für die Jagd. Dass man ihn überwiegend als Schweißhund einsetzt, ist verständlich, zeichnen ihn doch besonders Spursicherheit und eine feine Nase aus. Jedoch sollte man die Vielseitigkeit der Bracken nicht vernachlässigen, dazu gehören die Arbeit am Hasen und Fuchs.

Die Brandlbracke ist ein gut zu führender Hund mit einer Schulterhöhe von 46 bis 58 Zentimeter, einem mittellangen, nicht zu breiten Behang der unten abgerundet ist. Die Brust ist breit, der Rippenkorb ziemlich tief und lang. Der Schädel ist breit mit starkem Fang und gut entwickelten, auseinander liegenden und regelmäßig pigmentierten Lefzen. Die Hängeohren sind zum Ende hin abgerundet und liegen am Kopf an. Der sehr starke Hals ist mittellang, eine Kehlwamme ist unerwünscht. Das Haar ist dicht und voll, elastisch mit seidenem Glanz. Es ist schwarz gefärbt mit wenigen roten Flecken, die ganz deutlich abgegrenzt sind. Die so genannten Brandlflecken befinden sich über den Augen, am Fang, an der Brust und an den Pfoten.

Frische und trockene Vollwertnahrung oder auch häuslich hergestelltes Futter sind für die Brandlbracke geeignet. Wird dieser Hund stärker beansprucht, ist die Futterration seinen Anstrengungen entsprechend zu erhöhen.

Aufgrund seines angenehmen Charakters verursacht die Erziehung einer Brandlbracke keine Probleme. Sie liebt es, sich zu verausgaben und benötigt Platz. Auf dem Land fühlt sie sich wohler als in der Stadt. Zur Fellpflege genügt regelmäßiges Bürsten.

Die Schweizer Bracke

Der Schwyzer Laufhund hat einen sehr alten Stammbaum. Sein Vorkommen ist bereits in Römisch-Helvetien belegt. Im 15. Jahrhundert entdeckten ihn italienische Hundeliebhaber für sich, und seit dem 18. Jahrhundert fand er in Frankreich wegen seiner außergewöhnlichen Eignung für die Hasenjagd Verwendung.

Dieser Hund wird für die Treibjagd auf

Hase, Rehwild, Schwarzwild und Fuchs verwendet. Er jagt selbständig und spurlaut. Selbst in schwierigem Gelände sucht und bewegt er sich mit großer Sicherheit.

Der mittelgroße Hund hat ein gutes Gebäude, das auf Kraft und Ausdauer schließen lässt. Der lange Fang und der hagere Kopf mit langem Behang verleihen der Schweizer Bracke aristokratische Züge. Der Schädel ist länglich, gerade und schlank. Die Brust, die länger als breit und gut ausgebildet ist, reicht mindestens bis zum Fersenbeinhöcker des Vorderlaufes.

Dieser Hund wird wegen seiner Derbheit geschätzt und ist nicht schwierig zu ernähren. Bei starker Belastung und in der kalten Jahreszeit ist seine Ration diesen Umständen anzupassen, die ebenfalls von Gewicht und Größe des Hundes abhängt.

Obwohl sie sanft, folgsam und ihrem Herrn sehr verbunden ist, bedarf die Schweizer Bracke von Anfang an eine konsequente Erziehung. Sie benötigt Platz und Bewegung. Die Pflege beschränkt sich auf regelmäßiges Bürsten.

Die Fellfärbung der Schweizer Bracke

Die Fellfärbung der Schweizer Bracke ist je nach Form unterschiedlich und wird nach dem Standard von 1933 folgendermaßen definiert.

– Berner Laufhund: weiß mit Flecken oder einer schwarzen Platte, über den Augen, am Fang, den Innenseiten des Behangs und um den Anus herum hell- bis dunkelrote Abzeichen;

– Jura Laufhund Typ Bruno: rot mit schwarzem Mantel, manchmal kohlschwarz oder schwarz mit roten Flecken über den Augen, am Fang, um den Anus und an den Läufen;

– Luzerner Laufhund: sehr stark grauweiß gesprenkelt, mit schwarzen Flecken oder Platten, hell- bis dunkelrot über den Augen, am Fang, auf der Brust, um den Anus und an den Läufen, ein schwarzer Mantel ist zulässig;

– Schwyzer Laufhund: weiß mit orangeroten Flecken oder Platte; manchmal ganz leicht gesprenkelt, ein orangeroter Mantel ist zulässig.

Der Griffon Nivernais

Der Griffon Nivernais ist sehr rustikal, hat ein struppig-buschiges Haarkleid, drahtige Gliedmaßen und Muskeln. Er hat eine etwas traurige, aber keine ängstliche Erscheinung. Er ist ein strapazier- und widerstandsfähiger Hund, wie gemacht für die Arbeit im Dickicht, die ihm sehr liegt. Er ist kühn und leistet bei der Jagd am Reh- und Schwarzwild hervorragende Spurarbeit.

Der Griffon Nivernais arbeitet spursicher, zeigt viel Initiative und weiß sich in schwierigen Situationen zu helfen. Er ist sehr ausdauernd und kann ein Tier über einen langen Zeitraum verfolgen. Er verbellt während der Verfolgung lauthals mit einem sehr tiefen, »gestoßenen« Spurlaut. Selbst in schwierigem Gelände arbeitet er selbständig.

Zur Geschichte des Griffon Nivernais: Möglicherweise kreuzte sich die Rasse der Chiens Gris de Saint-Louis – besonders in Mode zur Zeit des Sonnenkönigs – während der französischen Revolution mit einer benachbarten Art des Chien de Bresse, aus der sich dann der Griffon Nivernais entwickelte.

Er kann für alle Wildarten eingesetzt werden, muss dafür aber von klein an lernen zu gehorchen, und erkennen, welche domestizierten Tiere nicht zu bejagen sind. Bereits im Alter von einem Jahr kann er zur Jagd mitgenommen werden.

Die Schweizer Bracke sucht und hält die Wildfährte in jedem Gelände mit großer Sicherheit und Unabhängigkeit.

Der Grand Anglo-Français

Ein Jäger muss bei der Wahl eines Laufhundes für die Brackenjagd insbesondere die Natur und Beschaffenheit des Territoriums und die zu bejagende Wildart berücksichtigen. Wenn das Revier trocken und steinig ist und ein Reh bejagt werden soll, bietet sich der Grand Anglo-Français an. Seine vorzügliche Nase erlaubt ihm aus den verworrensten Fährten die richtige anzunehmen. Dank seiner Zurückhaltung bei der Verfolgung ist er spurtreu und sein schönes heulendes Geläut ist ein unvergleichliches Konzert in den Ohren des Jägers.

Er ist ein ausgezeichneter Spürhund und kann selbst die Fährte eines Rehs annehmen, die schon einige Stunden alt ist. Wenn er also von der Fährte abgekommen ist und das bejagte Tier einen großen Vorsprung hat, kann er die Spur wieder aufnehmen und den Vorsprung nach und nach wieder wettmachen. Mit seinem schönen Geläut verbellt er schon beim Lancieren.

Der Grand Anglo-Français hetzt das Reh, sobald er es lanciert hat. Das Reh hat jetzt kaum noch Zeit, Haken zu schlagen, sondern muss geradeaus flüchten und bleibt in direktem Kontakt mit der Meute. Seine Fährte verflüchtigt sich nicht, weil es keinen Vorsprung erlangen kann. Um einen Schuss schnell antragen zu können, muss es sofort nach dem Lancieren gehetzt werden.

Der Grand Anglo-Français ist ein Hund, der ein Tier stellen will. Durch sein schonungsloses Verhalten und seine wirksame Verfolgung hat das Reh keine Zeit, falsche Fährten zu legen.

Sein Ursprung erklärt seinen Namen. Die Parforcejäger am Ende des 19. Jahrhunderts haben diese Rasse geschaffen. Sie wollten ihre Hunde widerstandsfähiger machen und führten große Foxhounds aus Großbritannien ein, die sie mit französischen Laufhunden kreuzten. Es dauerte mehr als ein Jahrhundert, bis die Rasse endgültig gezüchtet war. Sie wurde 1978 offiziell anerkannt.

Der Grand Anglo-Français ist ein Abkömmling des Poitevin, der außergewöhnliche Fähigkeiten besitzt. Er ist ein schneller und ausdauernder Hund.

Der Anglo-Français de petite vénerie

Die kleinen Anglo-Français entstanden aus der Kreuzung englischer und französischer Rassen und werden gerne für Rehwildtreibjagden eingesetzt. Nicht zuletzt ihrer feinen Nase, Jagdleidenschaft und ihres Spurwillens wegen.

Der niederläufige Hund misst weniger als 60 Zentimeter (48–55 cm), daher auch die Bezeichnung Anglo-Français de petite vénerie. Diese Rasse entspringt der Kreuzung mittelgroßer französischer Laufhunde (Ariégeois, Chien d'Artois) mit dem englischen Beagle und weist unterschiedliche Haarkleider auf. Früher bezeichnete man den Anglo-Français auch als kleinen Hasenjagdhund. Heute wird er nur noch für die Jagd auf Rehwild eingesetzt, wo er sein ganzes Können unter Beweis stellt. Er hat Charakter und weiß, wie er sich beim Changieren zu verhalten hat. Er nimmt die Fährte des Rehs selbst in steinigen Gebieten und niederen Gebirgszonen an, arbeitet sehr diszipliniert, ist leicht einzujagen und somit der ideale Begleiter für den Jäger, der vermeiden möchte, dass sich in seinem kleinen Revier das bejagte Tier zu weit vom Ort des Aufstöberns entfernt. Denn natürlich möchte er so schnell wie möglich den Schuss antragen.

Bei der Verfolgung hält den Hund nichts auf, weder dichte Brombeersträucher noch sumpfiges Gelände. Er kann fast jedes Wild bejagen.

Diese Rasse wurde in der ersten Hälfte des 20. Jahrhunderts von Hasenjägern entwickelt und entstand aus der raffinierten Kreuzung von Poitevin, Porcelaine, Bleu und englischem Harrier. Nach seiner Klassifizierung unter der Bezeichnung Petit Anglo Français und Anglo-Français Moyen wurde er 1978 unter seinem jetzigen Namen anerkannt.

Über die Jagdeignung des vor allem in Frankreich geführten Anglo-Français besteht sicher kein Zweifel. In Deutschland jedoch findet man ihn leider viel zu wenig. Vermutlich liegt dies an den regional unterschiedlich praktizierten Jagdarten.

Der Anglo-Français de petite vénerie ist mit den gleichen physischen Fähigkeiten ausgestattet wie die englischen Laufhunde; hier abgebildet der Beagle.

Der Beagle

Der Beagle ist englischen Ursprungs und gehört zu den beliebtesten Laufhunden in Frankreich. Er ist sehr vielseitig, weshalb er sowohl für die Schwarzwildjagd (im Süden Frankreichs) als auch für die Rehwildjagd (im Nordwesten) eingesetzt wird. Sein Haarkleid ist in der Regel dreifarbig. Standardgemäß misst er zwischen 33 und 41 Zentimeter. Er ist kurzhaarig, leicht zu führen, gehorsam und flexibel.

Tempo, Wendigkeit und Mut des Beagle kommen vor allem bei der Hetzjagd und Einzeljagd am Reh zum Tragen. Er hat eine gute Nase und erweist sich daher geschickt beim Spüren. Er wird einzeln oder in der Meute eingesetzt.

Der Beagle ist ein schneller Hund, besitzt eine unerschütterliche Liebe zur Jagd und ist sehr spurwillig. Er verbellt lauthals mit warmem, klangvollem Geläut.

Nicht selten kann eine Verfolgung des Rehs mehrere Stunden dauern. Zunächst nähert er sich nach und nach dem Ort des Einwechselns, verbellt sodann, spürt das Reh auf, das sich nicht erschreckt zeigt, wenn es des kleinen Angreifers ansichtig wird, schleicht sich ins Gebüsch, bleibt immer wieder stehen und wendet sich in unterschiedliche Richtungen, um die Fluchtrichtung zu wählen. Der an der Linie abgestellte Jäger kann seinen Schuss ganz ruhig an den sich drückenden Bock tragen. Die Hetze des Beagles ist gleichmäßig und sicher, sein warmes Geläut ist aus weiter Entfernung zu hören und eine gute Führung für den Jäger. Er gehört zu den Favoriten bei der Jagd am Reh in Frankreich.

Dieser kleine Laufhund ist als Familienhund auch über die Grenzen seines Ursprunglandes beliebt. Oft vergessen die nichtjagenden Besitzer, dass sie einen passionierten Jagdhund haben und müssen lange warten, bis er seine private Jagd beendet hat.

Der Einsatz des Hundes zur Schweißarbeit ist sehr heikel. Trotzdem wird jeder Hund, der bei der Jagd an Hochwild spurwillig ist, erfolgreich sein. Teckel und Beagle leisten höchst befriedigende Arbeit.

Geschichte des Beagle

Der englische Beagle wird seit einigen Jahrhunderten für die Hasenjagd eingesetzt (beagling). Im 19. Jahrhundert wurde er in Frankreich von Jagdleitern zu dem gleichen Zweck verwendet. Seit dem Zweiten Weltkrieg ist er der Favorit von vielen französischen Jägern. Er ist liebenswürdig und aufgeweckt, ohne Anzeichen von Ängstlichkeit.

Der Bruno du Jura

Die Jura-Laufhunde gliedern sich in zwei Schläge: St. Hubert – er ist schwerer und stärker – und Bruno. Beide haben eine Größe von etwa 45 bis 55 Zentimeter. Ihr Haarkleid ist schwarz und lohfarben.

Der Bruno du Jura zeichnet sich durch seinen Scharfsinn und seine hohe Intelligenz aus und zeigt auf Verleitfährten viel Initiative. Hier unterscheidet er sich durch seine vorzügliche Nase.

Zudem ist er sehr ausdauernd und kann sowohl in Stechginster als auch auf freiem Feld, in Küstengebieten oder zwischen Felsen jagen. Der Bruno du Jura leistet in allen schwierigen Gebieten hervorragende Arbeit. Er ist der Lieblingshund von Jägern, die mit einer kleinen Anzahl Hunden jagen.

Trotz seiner nicht zu verleugnenden Fähigkeiten wird der Typ Bruno jedoch nur selten eingesetzt. Dieser Laufhund arbeitet sowohl in der Meute, als auch zu zweit oder allein. Er nimmt die Fährte des Rehs in ausgedehnten Waldgebieten mit großen Dickichtbeständen an.

Die Arbeit mit diesem schnellen, spurlauten Hund ist sehr befriedigend, weil das Reh nicht im Kreis flieht, sondern, dicht verfolgt, schnell über die Schützenlinie getrieben wird, wo es von den angestellten Schutzen erwartet wird. Man braucht keine große Meute für die Rehwildjagd. Fünf bis sechs Brunos, die gewohnt sind in der Meute zu jagen, leisten eine bessere Arbeit, als zwölf zügellose Hunde, die nicht das gleiche Tempo haben.

Der Chien d'Artois

Dieser französische Laufhund eignet sich für die ausgiebigsten und härtesten Verfolgungen. Er zeigt sowohl als Lancierhund wie auch als Leithund sehr große Initiative. Er gehört für die Rehwildjäger in Frankreich zu den absoluten Favoriten.

Der Chien d'Artois ist ein Leichtgewicht, bewegt sich elegant und ist sehr mutig. Er eignet sich hervorragend für die Rehwildjagd und wird seinem Besitzer aufgrund seiner vorzüglichen Nase, seiner Liebe zur Jagd und seinem Geläut die herrlichsten Momente bei der Brackenjagd bereiten. Er hat eine aufrechte Haltung bei der Verfolgung, die schnell und elegant ist. Und er schreckt Rehe nicht auf.

Der Chien d'Artois ist zwar französischen Ursprungs, doch eigentlich stammt er vom St. Hubert ab. Seine ersten Vorfahren lebten bereits im Jahr 1431, und man findet seine Spuren in den königlichen Jagderzählungen. Die Rasse veränderte sich mit der Zeit durch Kreuzungen mit dem Chien Anglais. Es ist der Ausdauer mancher Züchter zu verdanken, dass er sein Wesen und seine Jagdqualitäten in jedem Gebiet über die Jahrhunderte hindurch erhalten konnte.

Bruno du Jura

Geschichte

Der Ursprung der Schweizer Laufhunde reicht sehr weit zurück. Die Rasse entstand aus Hunden, die ehemals im Niltal jagten. Phönizische Händler brachten sie nach Europa, und römische Legionen siedelten sie entlang des Rhônetals und in den Schweizer Alpen an.

Hinweise zur Abrichtung

Er ist ein ruhiger Zeitgenosse, vertrauensvoll und daher leicht abzurichten. Es genügt, ihn in jungem Alter in die Jagd einzuweisen, um das Beste aus ihm zu machen.

Der Bruno du Jura-St. Hubert stammt vom St. Hubert mit schwarzem Haarkleid ab. Der große Rehwildjäger trägt auch den Spitznamen »Heuler von Aargau«.

WAFFEN UND BALLISTIK

Der Kugelschuss auf Schalenwild ist durch das Bundesjagdgesetz geregelt. In manchen Ländern Europas, wie in der Schweiz und einigen Departements Frankreichs, ist der Schuss auf das Reh auch mit Schrot zugelassen. Diese Praxis, für manchen Waidmann einfach unbegreiflich, erscheint anderen Jägern durchaus angemessen. Oft mag es mehr aus ballistischen und sicherheitstechnischen Gründen berechtigt sein, ein Reh auf diese Weise zu erlegen. Der Schrotschuss wird immer dort verpflichtend oder empfohlen, wo die Rehwildjagd auf sehr offenem Gelände praktiziert wird, weil dann die Anwesenheit von anderen Personen, Niederwildjägern, Landwirten oder Spaziergängern, nicht ausgeschlossen werden kann.

Einige Definitionen

Eine Schussabgabe mit Schrot auf Rehwild erfordert von dem Schützen äußerste Disziplin. Die absolute Schussentfernung dabei darf nicht über 30 Metern liegen. Beobachtungen haben ergeben, dass ein mit Schrot beschossenes Reh auf diese Entfernung in der Bewegung rolliert und sofort verendet (Schocktod). Anders verhält es sich, wenn der Schuss auf ein stehendes und sicherndes Reh aus der gleichen Entfernung abgegeben wird. Das beschossene Stück fällt zwar zusammen, kommt aber unmittelbar wieder hoch und flüchtet.

Da bei Schrotschüssen so gut wie nie Schweiß vorhanden ist, wird ein auf diese Weise beschossenes Reh selten gefunden. Aus diesem Grund versteht es sich von selbst, dass der sichere Schuss auf Schalenwild nur mit einem Kugelgewehr infrage kommt. Die Behauptung mancher Jäger in unseren Nachbarländern, der Kugelschuss sei gefährlich zeugt von Unüberlegtheit und Unwissen.

Wenn es um die Jagd geht, sind nie Waffe und Munition die eigentliche Gefahrenquelle, sondern immer die Benutzer. Das gleiche gilt für die Auswahl der Munition. Eine Büchsenpatrone 300 Win. Magnum mit einem 180 Grains-Geschoss wird bei einem Reh mit Sicherheit einen Großteil des kostbaren Wildprets zerstören.

Das führt automatisch zu einigen generellen Überlegungen zum Thema Jagdwaffen und ihrer Ballistik. Jeder Jäger muss die Funktionsweise seiner Waffe sehr gut kennen. Für den Besitzer eines Jagdscheins dürfte dies kein Problem sein, denn in umfangreichen Lehrstunden und Lektüren musste er sich auch im Bereich Waffen und Ballistik auf die Jägerprüfung vorbereiten. Leider gibt es immer wieder Jäger, die das

Auf dem Hochsitz: Repetierbüchse mit Zielfernrohr

Gelernte vergessen haben und recht großzügig mit ihrer Waffe umgehen.

Bei der Schalenwildjagd hat die Wahl von Gewehr und Munition höchste Priorität. Einige Begriffe aus der Ballistik sollen daher an dieser Stelle definiert werden:

• Mündungsgeschwindigkeit (V0): Geschwindigkeit des Geschosses beim Verlassen der Laufmündung). Sie wird in Meter/Sekunde gemessen.

• Geschwindigkeit auf 100 m (V100): Auftreffgeschwindigkeit bei 100 Metern.

• Auftreffenergie: Auftreffwucht ausgedrückt in Kilopondmeter oder Joule. Dieser Begriff ist übrigens rein mathematisch, da er die Masse eines Geschosses und seine quadrierte Fluggeschwindigkeit mit einbezieht.

• Gasdruck: Energie, die durch die Verbrennung des Pulvers in der Geschosshülse entsteht, ausgedrückt in Bar oder Kilo pro Quadratzentimeter.

• G.E.E: Günstigste Einschussentfernung, bei der das Geschoss nicht mehr als vier Zentimeter nach oben oder unten von der Visierlinie abweicht.

Das Kaliber

Bei gezogenem Büchsenlauf bezeichnet das Kaliber den Durchmesser des Geschosses in Millimeter (7 mm), in Hundertstel Zoll (Kal. 22) oder Tausendstel Zoll (300 Win), wobei ein Zoll 25,4 Millimetern entspricht. Diese Zahl wird manchmal auch von der Länge der Patronenhülse abgeleitet (7 x 64, 8 x 68.S, 7 x 65.R).

Es gibt einige Besonderheiten, die aber nicht unbedingt für Klarheit in dieser Angelegenheit sorgen. Bei dem Kaliber 30.30 zum Beispiel handelt es sich um eine Munition von 30/100 Zoll, dessen Ladung ursprünglich 30 Schrote betrug! Noch komplizierter wird es bei dem Kaliber 3006 (7.62 x 63). Hier handelt es sich um eine Munition mit einem Durchmesser von

Büchse und Jagdhorn

30/100 Zoll. Die Kaliber 3006 und 308 Win. sind Militärkaliber, die international eine große Verwendung bei der Jagd finden und hervorragende Wirkung auf das Schalenwild haben. In Frankreich sind diese Kaliber wegen des Einsatzes beim Militär für die Jagd verboten.

Der Buchstabe R hinter einer Kaliberbezeichnung bedeutet, dass es sich dabei um eine Patrone mit Rand handelt, die in Kipplaufwaffen verschossen wird. Der Buchstabe S ist für das Kaliber 8 mm reserviert und bedeutet, dass diese Patrone eine »weite« Zylinderbohrung hat mit einem tatsächlichen Durchmesser von 323/100 Zoll.

Patronen im Kaliber 8 mm mit der Bezeichnung S dürfen nicht aus Läufen für das Kaliber 8 x 57 J oder JR verschossen werden, weil es dabei zu Laufsprengungen kommen kann. Die Gefahr liegt darin, dass die S-Patronen zwar in das Lager hineinpassen, die Geschosse jedoch einen überhöhten Gasdruck in dem zu engen Lauf verursachen.

Bei Flintenläufen ist die Festlegung des Kalibers noch komplizierter, weil es nach einem alten Maß errechnet wird. Es richtet sich nach der Zahl der Bleirundkugeln, die zusammen ein altes englisches Pfund wiegen, das damals 453,592 Gramm betrug. Das erklärt auch, warum das Geschoss um so größer ist, je kleiner die Zahl (20, 16, 12) wird. Kaliber 20 entspricht so der aus einem englischen Pfund hergestellten Zahl an Kugeln, nämlich 20, während man aus der gleichen Menge Blei für das Kaliber 16 genau 16 Kugeln und für das Kaliber 12 eben 12 Kugeln herstellen kann.

Regelmäßige Schießübungen sind unerlässlich.

Die Munition

Jagdmunition gibt es in vielen Kalibern und Laborierungen, das sind verschiedene Geschosse und Pulverladungen, die für das zu bejagende Wild zu wählen sind.

Die Körperstärke des Wildes, auf das man jagen möchte, und die daraus resultierenden Anforderung an die Schusswirkung machen es notwendig, Büchsenpatronen herzustellen, die sich im Kaliber, Geschossgewicht und Konstruktion diesen Erfordernissen anpassen.

Die in Deutschland gebräuchlichsten Büchsenkaliber sind 5,6 mm, 222 Rem. 243", 6,5 mm, 7 mm, 308 Win. 30-06, 8 mm und 9,3 mm

Die Büchsenpatronen werden mit progressivem Pulver geladen (langsam verbrennend) Der Gasdruck der Büchsenpatronen ist wesentlich höher als der von Schrotpatronen. Für die Jagd werden verschiedene Geschosstypen hergestellt und verwendet.

Der Kern der Büchsengeschosse besteht aus Blei oder Tombak oder hat eine Ummantelung aus Kupfer, Flussstahl oder einer mehr oder weniger hohen Legierung. Das Geschoss kann einen spitzen, runden oder mehr oder weniger flachen Kopf besitzen, als ein Vollmantel- oder Hohlspitzgeschoss ausgelegt sein.

Vollmantelgeschosse werden nur in wenigen Büchsenkalibern hergestellt. Vorwiegend wird diese Geschossart dazu verwendet, Wildpretzerstörungen zu vermeiden (Wipfeljagd auf den Auerhahn in Schweden).

Das PPC-Geschoss ist eine bewährte Geschossentwicklung. Das Tombak-Teilmantelgeschoss durchdringt das äußere Muskelgewebe, erst dann beginnt sich das Geschoss zu zerlegen und sichert einen garantierten Ausschuss.

Das Teilmantelspitz- oder -rundkopfgeschoss bildet die Basis der modernen Geschossentwicklung. Dieser bewährte Geschosstyp wird in allen Kalibern angeboten, vom Kleinkaliber bis zu Geschossen für schweres Wild. Besonders zur Bejagung von Rehwild findet es großen Zuspruch, da es hier sicheren Ausschuss bietet und wildpretschonend ist.

Das Angebot von Geschosstypen in den verschiedensten Kalibern kann für manchen Jäger verwirrend sein, wenn er sich nicht ausgiebig damit beschäftigt .

Nosler, Mantel, Kegelspitz, TIG und TUG, ABC, alle diese Geschosse haben verschiedene Wirkungen auf das zu bejagende Wild. Sicherlich wird der erfahrene Jäger einen Kompromiss für die Wildart suchen, die er am häufigsten bejagen wird.

Büchsenpatronen

Flintenmunition

Flintenlaufgeschosse werden bei uns in Deutschland nur wenig Verwendung finden, außer bei der Bejagung von Schwarzwild. Es gibt keine bessere Waffe als die Flinte und das Flintenlaufgeschoss, wenn es im Auwald heißt »Sauen fest«. Kurze Distanz und dicht verwachsener Wald mit wenig Sicht bringen mit dem Flintenlaufgeschoss den sicheren Erfolg. Mit einem Repetiergewehr ist da wenig auszurichten.

Flintenlaufgeschosse sind Bleikugeln (Brenneke), Kugeln aus Kupferstahl oder anderem Material. Ihr Gewicht variiert stark, je nach Modell liegt es zwischen 24 und 39 Gramm. Manche Geschosse sind leichter, weil sie unterkalibriert und in eine Plastikhülse eingefasst sind. Nach Meinung der Hersteller haben diese Geschosse eine höhere Mündungsgeschwindigkeit und sind daher wirksamer.

Da die meisten Flintenlaufgeschosse keine deformierende Wirkung haben, kann ihr Einsatz unter bestimmten Voraussetzungen riskant sein. Unbedingte Disziplin und Einhaltung der

Verschiedene Flintenlaufgeschosse. Von links nach rechts: Blondeau, Brenneke, Sauvestres, Slug, Gualandi, Brenneke (Kal. 410)

Einige Definitionen

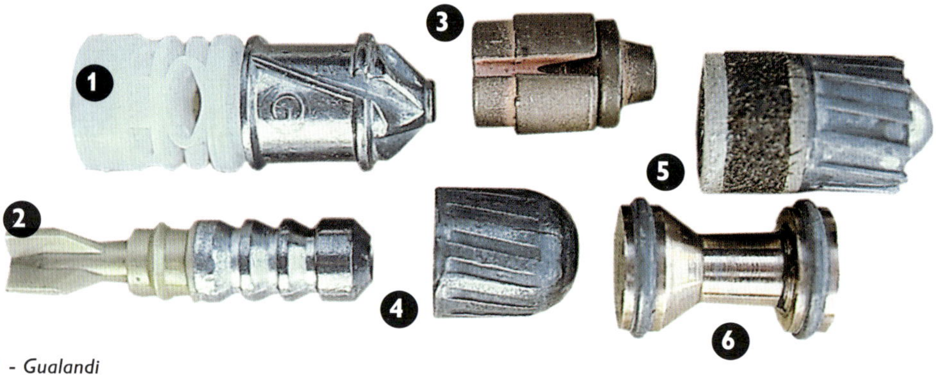

1 - Gualandi
2 - Sauvestres
3 - Giclé »selbstzersplitternd«
4 - Slug
5 - Brenneke
6 - Blondeau

Vorgaben des Jagdleiters muss dabei für jeden Jäger selbstverständlich sein.

Büchsenmunition

Für Büchsen gibt es eine enorme Vielfalt an Munition und es würde zu weit führen, alle Patronen oder Kalibertypen an dieser Stelle aufzuführen. Wir wollen uns daher auf die für die Rehwildjagd einzusetzende Munition beschränken.

Für die Rehwildjagd ist das Kal. 243 Win mit Teilmantelgeschoss 80 grains (5,2 g) sicherlich ausreichend, aber es gibt natürlich noch andere Möglichkeiten. Am vielseitigsten ist das Kaliber 7 x 64. Dennoch sollte man wissen, dass das Geschoss für einen Schocktod beim Auftreffen eine Geschwindigkeit von 800 m/s und eine Auftreffenergie von mindestens 1 500 Joules aufweisen muss. Die teilweise sehr lebhafte Diskussion, um nicht zu sagen Polemik, über die Zweckmäßigkeit des einen oder anderen Gewehrs führt nur dazu, dass eine weitere Jagd erfolglos ausgeht. Mit einem Wort, es geht vielmehr um die Art und Weise wie eine Munition eingesetzt wird, als darum, wie sie aufgebaut ist.

Bevor überhaupt technische Überlegungen über die Wahl der Munition angestellt werden, sollte meiner Meinung nach die Frage nach der Ethik und der Einstellung gegenüber dem Wild und sich selbst geklärt werden. Jemand, der sich zur Jagd entschließt, ist bereit zu töten. Dies

Gualandi-Geschoss

Doppelflinte aus dem Jahr 1910 mit Hahnspannung

ist niemals nur ein belangloser Akt und sollte daher ordentlich und korrekt durchgeführt werden. Der Umgang mit der Waffe muss also diesen Kriterien entsprechen.

Erreicht wird dieses Ziel durch die optimale Auftreffenergie des verwendeten Geschosses, höchste Schussgenauigkeit, ideale Auftreffgeschwindigkeit (etwa 800 m/s) und den adäquaten Aufbau des Geschosses, das so wenig Material wie möglich verlieren darf. Der Aufbau des Geschosses muss eine fortschreitende Deformation ermöglichen, damit es ein Maximum an Energie während des Eindringens in den Wildkörper abgeben kann.

Die angestrebte Auftreffenergie für das Reh liegt bei 150 km/h, unter der Voraussetzung, dass die Auftreffgeschwindigkeit 800 m/s beträgt.

Berücksichtigt man diese Grundregel, fällt die Wahl schon leichter. Da jedes Büchsengeschoss mit den geläufigen Kalibern wie 243 Win., 280 Remington, 7 mm RM, 7 x 64, 7 x 65.R diese Energie auch noch auf 100 Metern entwickelt, teilweise sogar bei noch größeren Entfernungen, sind sie alle äußerst wirkungsvoll.

Es soll in diesem Kontext darauf hingewiesen werden, dass die Gesetzgebung den Gebrauch von Geschossen mit einem Durchmesser von 5,5 mm oder weniger bei Büchsengeschossen, bei Flintengeschossen mit einem Durchmesser von mehr als 4 mm verbietet. Das schließt von vorneherein die .22iger Ringkaliber und .22 Hornet-Kaliber aus, da ihre Energie zu schwach ist und gilt natürlich auch für alle Arten von Posten. Es ist daher ein wenig verwunderlich, dass diese überhaupt in den Verkauf gelangen.

Das Kaliber 22 ist eine Patrone, die letztendlich als Kleinkaliber nur in der Schonzeit des Schalenwildes auf Raubzeug wie Elstern und Krähen Verwendung findet. Die Patrone im Kaliber 22 Magnum oder Hornet ist keineswegs auf Rehe zugelassen. Es sind aber hervorragende Geschosse, um den Fuchs zu bejagen.

Büchsenmunition

1 - Drilling
2 - Unterhebelrepetierer
3 - Halbautomat
4 - Repetierer M 98
5 - Bockbüchsflinte

Gefährliche Querschläger

Querschläger können sich bei Flintenlaufgeschossen sehr gefährlich auswirken. Vor allem bei der Drückjagd empfiehlt es sich, die Umstände, die zu einem Abprallen führen können, genau zu kennen. Besonders in dichten Wäldern können die Stände nahe bei einander liegen. Experten erörterten in ihren Veröffentlichungen, dass jedes Geschoss mit einem Einfallwinkel von weniger als 20 Grad abprallen kann. Nach genauen Tests hat man festgestellt, dass der Grenzwinkel des Querschlägers mit der Erhöhung der Geschwindigkeit kleiner wird, egal um welche Trefferoberfläche es sich handelt. Ebenso hat man festgestellt, dass langsame Geschosse leichter abprallen und nach dem Abprallen nicht zerfallen, wobei sie fast ihre ganze Energie bewahren können.

Ein Flintenlaufgeschoss mit einer Geschwindigkeit von 450 m/s wird ab einem Auftreffwinkel von 13 bis 14 Grad abprallen, unabhängig von der Beschaffenheit der Trefferoberfläche (gefrorener Boden, Stein oder Holz).

Ein 14-Grad-Winkel wird erreicht, sobald ein Jäger auf horizontalem Gelände seinen Schuss so anträgt, dass er den Boden in sechs bis sieben Meter Entfernung trifft.

Abschließend sei hier darauf hingewiesen, dass, entgegen der weitverbreiteten Meinung bei Jägern, die Verwendung einer Büchse weniger Risiko für Abpraller darstellt, als wenn der gleiche Schuss aus einer Flinte abgegeben wird.

Die Geschossarten

Die verschiedenen Geschossarten aus Kugelgewehren haben die verschiedensten Auswirkungen auf das zu erlegende Wild.

Das Vollmantelgeschoss wird nur noch in ganz wenigen Büchsenkalibern hergestellt. Vorwiegend wird diese Geschossart dort Verwendung finden, wo man mit großen Kalibern eine gewisse Eindringungstiefe erreichen will und andererseits bei Wildtieren keine Wildpretzerstörung herbeiführen möchte. Bei dieser Geschossart erleidet das Wild in der Regel keine Schockwirkung. Es kommt zu weiten Fluchtdistanzen nach dem Schuss.

Das PPC-Geschoss ist eine bewährte Geschossentwicklung. Es ist ein Tombak-Teilmantelgeschoss mit einem verhältnismäßig harten Kern und einer Kupferdelle. Dadurch durchdringt das Geschoss zuerst das äußere Muskelgewebe. Erst danach beginnt die Zerlegung des Geschosskörpers.

Die Geschossarten Teilmantelrundkopf und Teilmantelspitz sind die Basis der modernen Geschossentwicklung. Diese Geschosstypen werden in allen Kalibern angeboten und sind für alle Wildarten tauglich.

Das Nosler-Geschoss ist bei stärkeren Wildarten äußerst bewährt. Es besitzt einen Tombakmantel mit einem durch eine Zwischenwand getrennten Bleikern. Der Tombakmantel spitzt sich beim Auftreffen des Geschosses stark auf und sorgt dabei für einen größeren Schusskanal.

Mit am ältesten sind die Original Brenneke Geschossarten TIG und TUG. Sie haben einen zweiteiligen Bleikern, der sich dem Widerstand des jeweiligen Wildkörpers anpasst. Das TIG, Torpedo-Ideal-Geschoss, ist für schwaches bis mittelstarkes Wild vorgesehen, das TUG, Torpedo-Universal-Geschoss für mittelstarkes bis starkes Wild.

Eine gut angelegte Bockdoppelflinte

Gewehre

Verschiedene Repetierbüchsen

Nach diesen technischen Bemerkungen zur Ballistik sollte man sich jetzt für die richtige Waffe entscheiden, die man zur Jagd führen will.

Was den Schuss auf Rehe betrifft, ist das Ziel im Prinzip schon vorher bekannt. Es ist also trotz der großen Auswahl nicht allzu schwer sich für das richtige Gewehr zu entscheiden. Dem Jäger bieten sich folgende Möglichkeiten: Repetiergewehr, Doppelbüchse, Bockdoppelbüchse, Bockbüchsflinte und Drilling.

Das Repetiergewehr

Das klassische manuelle Repetiergewehr mit einem Magazin für vier Patronen ist je nach verwendetem Kaliber das meist geführte Jagdgewehr.

Für diesen Gwehrtyp eignen sich alle gängigen Kaliber in allen Preisklassen. Repetiergewehre sind für alle Jagdarten geeignet, vom Ansitz bis zur Pirsch. Vor allem bei Drückjagden hat man den Vorteil eines vollen Magazins, und ein geschickter Schütze ist in der Lage, bei schnellem Repetieren mehrere Stücke Wild zu erlegen. Die meisten Repetiergewehre sind mit einem Stecherabzug ausgerüstet. Diese eignen sich hauptsächlich für die Ansitzjagd und sind für präzise weite Schüsse geeignet. Für die Verwendung bei Drückjagden ist der Stecherabzug sicher nicht optimal.

Die Doppel- oder Bockdoppelbüchse

Das Angebot für ein solches Jagdgewehr ist mit erheblichen Kosten verbunden.

Kipplaufbüchsen werden hauptsächlich in den Kalibern 7 x 65 R, 9,3 x 74 R oder 8 x 57 JRS angeboten. Meist sind es luxuriöse Waffen die gut in der Hand liegen und selten günstig sind. Selbsverständlich können wie alle anderen Gewehre auch Kipplaufwaffen mit einem Zielfernglas ausgerüstet werden.

Die Doppel- oder Bockdoppelbüchsen sind für Drückjagden das optimale Gewehr. Man hat die Möglichkeit, ohne das Ziel zu verlieren, zwei sichere Schüsse abzugeben. Ein geschickter Jäger wird die nächste Patrone nicht in der Hosentasche vergraben suchen, sondern diese

Von oben nach unten: Repetierbüchse ohne Visierung, Repetierbüchse mit Visierung und Monte-Carlo-Schaft, Repetierbüchse mit Visierung und Normalschaft ohne Backe.

ans Hutband gesteckt haben, um sofort seine Waffe neu zu laden.

Diese Jagdgewehre sind in der Regel sehr wertvoll und deren Anschaffung mit erheblichen Kosten verbunden.

Die Bockbüchsflinte

Die Bockbüchsflinte ist ein Idealgewehr mit oben liegendem Kugellauf und unten liegendem Schrotlauf. Diese Waffe ist ebenso auf der Drückjagd wie auf der Pirsch oder Ansitzjagd gut zu verwenden. Besitzt diese Gewehr auch noch einen kombinierten Stecherabzug für den Kugellauf, hat man eine Waffe für den sicheren weiten Schuss. Als Kaliber wählt man eines der gängigsten für Schalenwild (308 Win-3006 Win. 7 x 64, 7 x 65). Für ein verhältnismäßig leichtes Gewehr verwendet man einen 16er oder 20er Schrotlauf, dazu eine gute Optik, variabel 3- bis 10-fach mit einem Leuchtabsehen. So ist man für alle Jagdarten sicher ausgerüstet. Selbst für Nachtansitze auf Fuchs oder Schwarzwild. Auf Rehwild erlaubt das Jagdgesetz allerdings keine Nachtjagd.

Der Drilling

Ist der Drilling wirklich das Gewehr des Waldjägers? Sicher findet man in dieser Waffe eine ungemeine Vielfältigkeit, die es für den Ansitz oder eine Gesellschaftsjagd eignet. Für das vielleicht unerwartet erscheinende Wild hat man auf jeden Fall das richtige Jagdgewehr bei sich.

Halbautomaten

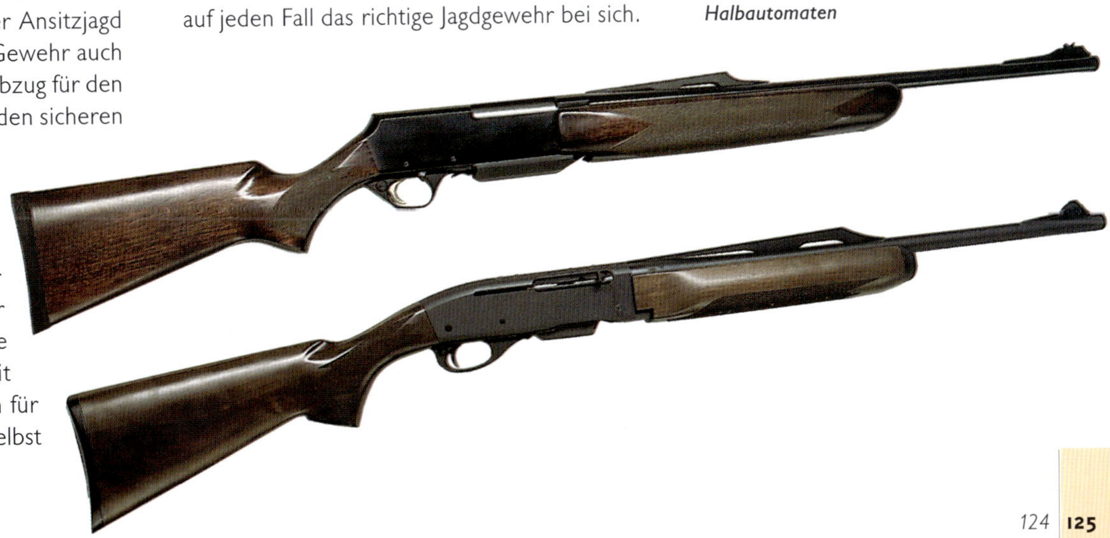

Einige Kipplaufgewehre:

Bockdoppelbüchse

Sehr wertvolle Bockdoppelbüchse mit Gravur

Doppelbüchse

Kipplaufbüchse

Böse Zungen behaupten allerdings, dass man für einen Drilling vor allem einen Träger benötigt.

Tatsache ist, wenn man sich den Luxus eines Drillings leistet, dass man sich auch über das schwere Gewicht dieses Gewehres bewusst ist. Auf der anderen Seite wird ein Jäger mit einem Drilling auf der Jagd vielseitig agieren können und nur selten eine Situation auszulassen brauchen.

Halbautomaten

Halbautomatische Waffen finden in vielen europäischen Ländern immer mehr Zuspruch. In Deutschland jedoch sind Jagdgäste mit halbautomatischen Waffen nicht gerne gesehen, solche Waffen sind bei manchen Jagdleitern sogar unerwünscht. Sie leiden an dem bitteren Nachgeschmack als »Vollernter« verwendet zu werden. Bei den Selbstladegewehren wird durch die Kraft des Rückstoßes oder des Gasdruckes

Das ideale Gewehr

Ein Waffenhändler antwortete auf die Frage nach dem idealen Gewehr: »Ich konnte auf diese Frage nie mit einer bestimmten Marke oder einem bestimmten Modell antworten. Ich glaube ganz ehrlich, dass das Universalgewehr ein Mythos ist, und ich werde mich hüten, ebensolche pauschalen kategorischen Behauptungen aufzustellen, wie sie die Kolumnisten mancher Jagdzeitschriften ihren Lesern zu vermitteln versuchen.
Kurzum, ein gutes für Rehwild passendes Geschoss mit adäquatem Kaliber, abgegeben aus einem für den Benutzer und seine gewählte Jagdart geeigneten Gewehr, vervollständigt durch eine Visierung, die den Gewohnheiten des Jägers optimal gerecht wird, bezeichne ich als eine gute Wahl. Solch ein Gewehr kann jedoch, nicht zu vergessen, nur so gut sein, wie der, der es benutzt!«

Von oben nach unten:
Seitenschloss-Bockdoppelflinte mit englischem Schaft, Seitenschloss-Doppelflinte mit englischem Schaft, Doppelflinte mit englischem Schaft, Bockdoppelflinte mit Schaft ohne Backe und englische Luxus-Doppelflinte.

der Vorgang des Ladens und Spannens bewirkt und eine schnelle Schussfolge ermöglicht.

Der Schaft

Eine alte Jägerweisheit lautet: Der Lauf schießt, der Schaft trifft. Ob bei Drilling, Büchse oder Flinte, wenn mit einem Gewehr geschossen werden soll – und das betrifft vor allem den Schuss auf flüchtendes Wild – muss der Schaft passen. Kipplaufgewehre und kombinierte Waffen haben einen geteilten Schaft, einen Vorder- und Hinterschaft. Um das Gewehr zerlegen zu können, muss zuerst der Vorderschaft abgenommen werden. Die beste Trefferlage wird ein Schütze erreichen, wenn der Schaft für ihn persönlich angemessen und gefertigt wurde.

Kipplaufbüchse

kombiniertes Gewehr

Drilling

Zielballistik

Aufgepilzte Büchsengeschosse beim Auftreffen

Die Bemerkungen über die Ballistik hinsichtlich der Waffen, der Munition und deren Verwendung führen uns unweigerlich zum Bereich der Zielballistik.

Die Zielballistik beschreibt die tatsächlichen Auswirkungen eines Geschosses beim Auftreffen auf das Ziel. Die schlichte Tatsache, dass ein Geschoss zum richtigen Zeitpunkt, am richtigen Ort unter guten Bedingungen auf ein sich bewegendes Wildtier trifft, ist das Ergebnis mehrerer sehr schnell aufeinanderfolgender Faktoren. Dies bestätigt sich besonders bei der Schussabgabe mit einem Kugelgewehr. Bei seinem Austritt aus dem Lauf hat es eine hohe Geschwindigkeit und wird erst im Zielkörper zum Halten kommen. Auf seinem Weg kann es auf ein Hindernis treffen, das, sich so klein es auch sein mag, auf seine Flugbahn auswirken wird. Kurz bedeutet das, dass jedes Geschoss, das einen Grashalm, Zweig, Ast oder irgendein anderes Hindernis streift, völlig von seiner Richtung abkommen wird oder teilweise zersplittert. Ein 9 Gramm schweres Hohlspitzgeschoss im Kaliber 7 mm und einer Geschwindigkeit von 900 m/s kann sich durch die Berührung von Weizenähren vollkommen zerlegen. Selbst starker Wind oder Regen können eine Richtungsänderung bewirken.

Beim Auftreffen auf sein Ziel hat das Geschoss eine mehr oder weniger starke zerstörerische Wirkung. Sie hängt von der Form, Konstruktion und Geschwindigkeit des Geschosses ab.

Nehmen wir an, ein Stück Wild steht breit zum Schützen, d. h. das vordere Drittel und die Wirbelsäule gehören zum Zielbereich. Der Tod kann entweder durch die Auftreffenergie in der Nähe eines Nervenzentrums oder durch die Zerstörung eines lebenswichtigen Organs herbeigeführt werden. Jeder andere getroffene Bereich wird selbst mit einem starken Geschoss nicht den sofortigen Tod zur Folge haben, und das beschossene Wild kann manchmal noch sehr weit flüchten. Dies geschieht auch, wenn das Geschoss nicht deformierbar ist (Vollmantel-Geschoss). Solche Geschosse sind allerdings in Deutschland auf Schalenwild nicht zugelassen.

Man sollte immer einen Kompromiss zwischen dem Aufpilzen suchen, das die gesamte Auftreffenergie des Geschosses freisetzt, so

Zwischen dem Moment, in dem man sich zum Schuss entscheidet und dem Auftreffen des Geschosses nach 100 Metern liegen etwa 35 Hundertstel Sekunden. Diese Zeit fasst die menschlichen, mechanischen und pyrotechnischen Reaktionen bei einer Anfangsgeschossgeschwindigkeit von 800 m/s zusammen. Ein bei voller Geschwindigkeit aufgespürtes Tier erreicht eine Schnelligkeit von 40 km/h. In dem besagten Zeitraum wird es demnach ungefähr 3,9 Meter zurückgelegt haben.

dass sich ein Ausschuss ergibt und das Wildpret möglichst geschont wird.

Geschosse, deren Spitze mehr oder weniger hohl sind, werden dementsprechend mehr Auftreffenergie abgeben. Sie zerlegen sich im Wildkörper, geben selten einen Ausschuss und entwerten das Wildpret.

In Sachen Munition bieten die Hersteller eine solch enorme Vielfalt an, dass es nicht immer leicht ist sich zurechtzufinden. Der Leser sollte sich einfach die Geschosstypen Nossler oder Brenneke TIG merken. Diese Geschosse sind neben dem Teilmantelrundkopf-Geschoss ein guter Kompromiss, weil sie beim Aufpilzen während des Durchschlags im Wildkörper genug Energie abgeben und der Restkern des Projektils Ausschuss gewährleistet.

Der Jäger sollte stets einen kompetenten Waffenexperten zu Rate ziehen. Munition und Waffe kauft man nur nach sorgfältiger Beratung.

Flintenlaufgeschosse

Anstelle einer Schrotladung kann man aus einer Flinte auch ein Flintenlaufgeschoss abfeuern.

Spitzgeschoss

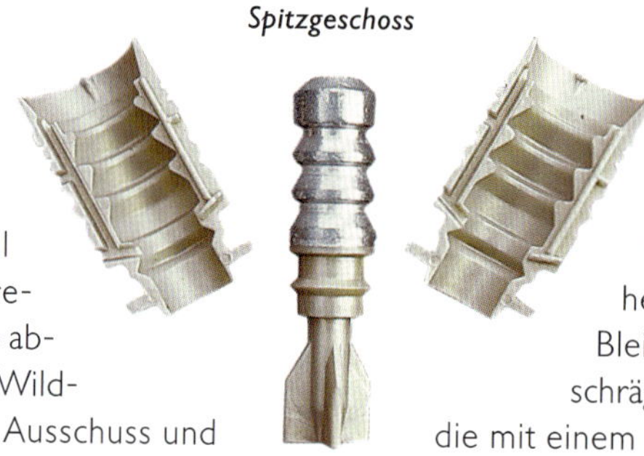

Dies ist ein Einzelgeschoss. Die bekanntesten Flintenlaufgeschosse stammen von der Firma Brenneke. Sie bestehen aus einem zylindrischen Bleikopf mit Spitze und zwölf schräg gestellten Führungsrippen, die mit einem Plastikpfropfen verbunden sind. Da dieses Geschoss aus einem glatten Lauf (Flinte) verschossen wird, findet keine Drallstabilisierung statt. Das Flintenlaufgeschoss lässt sich aus einer Flinte mit mehr oder weniger Schockeverengung abfeuern. Der Druck, den die leicht stauchbaren Führungsrippen aufnehmen, ist nicht größer als bei Belischroten.

Die Treffsicherheit ist auf 40 Meter begrenzt. Flinten sollten mit Flintenlaufgeschossen erst eingeschossen werden, um die genaue Trefferpunktlage festzustellen.

Flintenlaufgeschosse verwendet man hauptsächlich bei Drückjagden mit Schüssen auf kurze Entfernung oder bei Fangschüssen an angeschweißtem Wild bei Nachsuchen.

Die Mündungsgeschwindigkeit (V0) eines Flintenlaufgeschosses liegt je nach Kaliber bei 410 bis 470 m/s. Die Auftreffenergie beträgt beispielsweise bei 25 Metern ungefähr 1 500 bis 2 000 Joules.

Brenneke-Geschoss nach einem erfolgreichen Schuss

Vorsicht wenn das Sichtfeld eingeschränkt ist!

Optik

Zu einer vollständigen Waffenausrüstung des Ansitz- oder Pirschjägers gehört ein Zielfernrohr und ein gutes Fernglas. Bei dieser langfristigen Investition sollte man sich für ein zuverlässiges Markengerät entscheiden. Eine wesentliche Regel besteht darin, dass die Vergrößerung und die Qualität der Helligkeit des auf der Büchse montierten Zielfernrohrs und des Fernglases übereinstimmen, damit man die Einstellungen beim Wechseln nicht zu ändern braucht.

Leider ist es so, dass Qualität und Leistungsfähigkeit der menschlichen Augen nicht von ewiger Dauer sind. Man sollte daher nicht zögern, seine Ausrüstung im Laufe einer Jägerkarriere zu erneuern. Jemand, der über ein ausgezeichnetes Sehvermögen verfügt, wird sehr gut mit einem Jagdglas 8 x 56 zurechtkommen, während für einen Jäger mit etwas schwächeren Augen ein Jagdglas 10 x 50 angenehmer ist. Ferngläser werden vornehmlich nach ihrer Dämmerungsleistung ausgesucht, die niemals unter 18 bis 20 liegen sollte, denn Pirschjagd und Ansitz werden meistens in der Abenddämmerung oder im Morgengrauen durchgeführt.

Die optische Visierung wird dank der zahlreichen derzeit auf dem Markt erhältlichen Systeme erleichtert. Ein Zielfernrohr für die Treibjagd mit einem Sehfeld von 30 Metern ist eine wertvolle Hilfe, weil es eine selektive Visierung ermöglicht. Seine Verwendung ist allerdings etwas gewöhnungsbedürftig. Ein beschlagenes Okular oder die Krempe des Huts im Sehfeld, und schon ist wieder ein Reh mit dem Leben davon gekommen. Visierungen mit einem roten Punkt haben sich sehr gut etabliert und verzeihen dem Benutzer leichte Stellungsschwächen. Sie sind aber dennoch nicht unfehlbar. Neue Zielvorrichtungen haben die Benutzerfreundlichkeit und Schnelligkeit bei der Visierung stark verbessert. Das heißt, es werden fast eine vollständige Parallaxenfreiheit und ein klares Bild bei jedem Anlass gewährleistet. Aber man muss natürlich auch das Fadenkreuz richtig einstellen! Gut eingestellte Laufschienen und Fluchtvisiere, unterstützt von einem entsprechenden Korn, erlauben den Jägern schnelles Schießen, die noch immer so gut sehen können wie im Alter von 20 Jahren. Die leichte und stabile Montage des Zielfernrohrs ist besonders wichtig und sollte nur von einem Fachmann durchgeführt werden.

△ *Bushnell*

△ *Tasco*

Zwei Kollimator-Modelle oder holografische Visiervorrichtungen

Jagdmesser

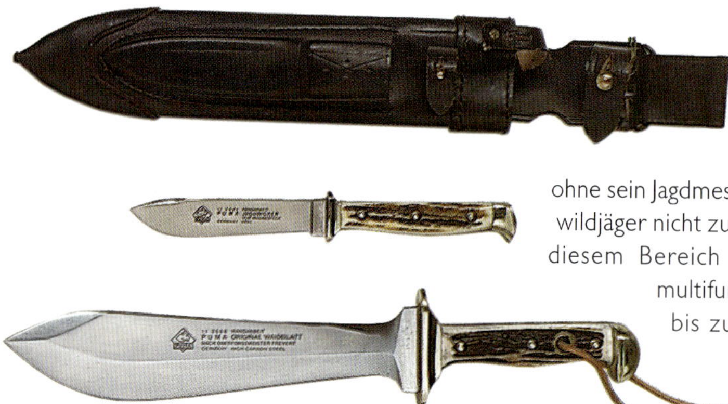

Puma-Nicker und Puma-Waidblatt

Finnische Jagdmesser

Verschiedene Lockinstrumente

Ob man ein krankes Tier abfangen, ein Wild aufschärfen oder einfach nur etwas essen möchte, ohne sein Jagdmesser wüsste sich ein Rehwildjäger nicht zu helfen. Das Angebot in diesem Bereich ist unbegrenzt. Vom multifunktionalen Klappmesser bis zu den üppig verzierten Hirschfänger gibt es zahlreiche Modelle und Formen, die einige für Jagdmesser sehr wesentliche Eigenschaften aufweisen müssen. Egal, welches Messer verwendet wird, es muss stabil und scharf sein und gut in der Hand liegen. Wenn es dann noch hübsch aussieht, um so besser. Auf kleine mehr oder weniger ästhetische oder funktionelle Spielereien, die in manchen Schaufensterauslagen oder auf Messen zu sehen sind, wird natürlich verzichtet. Ein Rehwildjäger benötigt so etwas nicht. Selbstverständlich wird niemand vergessen, bei einem Geschenk den großzügigen Spender mit einer kleinen Münze zu bedenken. Eine Klinge, so fein sie auch sein mag, könnte eine Freundschaft brechen!

Verschiedene Funktionen

Für den Rehwildjäger muss das Jagdmesser mehrere Funktionen erfüllen. Man kann dabei nicht unbedingt nur von einem besonderen Messer sprechen, denn die Verwendungen sind sehr unterschiedlich. Das liegt auch daran, dass das Modell die besonderen Vorlieben und die Persönlichkeit des Jägers widerspiegelt. Zuerst aber richtet sich die Wahl nach dem erwarteten Einsatz. Dabei sollte auf eine scharfe Stahlklinge und generelle Robustheit des Messers besonderen Wert gelegt werden. Ein Schalenwildjäger sollte je nach Zweck mehrere Messer besitzen, sei es um etwas zu essen oder einen Zweig für den berühmten »Bruch« abzuschneiden, der die Stelle markiert, an der das nachzusuchende Tier möglicherweise getroffen wurde.

Der erste Messertyp gehört zu den Klappmessern. Es ist das unentbehrliche Werkzeug des Jägers für alle feinen Arbeiten. Nicht nur, um eine Scheibe Schinken zu schneiden, sondern auch, um nach der Jagd eine gute Flasche Wein zu öffnen!

Klappmesser spiegeln seit Generationen auch regional verankerte Traditionen wider: Messer der französischen Marken Laguiole, Thiers und Coursolle kommen aus dem Massif Central, ein Opinel-Messer wird in den Alpen sehr geschätzt. Darüber hinaus gibt es weitere exzellente Klappmessertypen: das berühmte nicht zu entbehrende Schweizer Taschenmesser – ein wahres Arbeitswerkzeug, das sich für alle kleinen Arbeiten eignet –, das Pumamesser mit verschiedenen Klingen, bei denen ein Haken für das Aushakeln von Federwild vorgesehen ist, oder das Buckmesser, ebenfalls ein multifunktionales Werkzeug von erstaunlicher Effizienz und Originalität.

Messer mit fester Klinge

Diese Messer erfüllen zwei wesentliche Funktionen: das Abfangen eines kranken Tieres und das Zerwirken des Wildkörpers.

Für das Abfangen sollte eine Klinge 15 bis 20 Zentimeter lang sein. Sie muss scharf, fest und vor allem sehr spitz sein. Auf keinen Fall handelt es sich um ein »Rambo«-Messer, sondern um ein Werkzeug, mit dem der sofortige Tod des Rehs herbeigeführt werden soll. Viel zu oft wissen Jäger einerseits nicht, wie ein krankes Tier richtig abzufangen ist, andererseits fehlt ihnen das passende Werkzeug. Das über Minuten hinweg schreckliche Qualen leidende Tier wird dann selbst das härteste Herz erweichen.

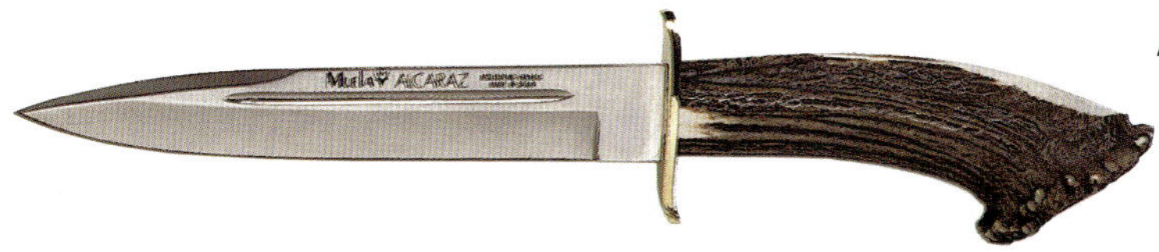

Muela-Hirschfänger

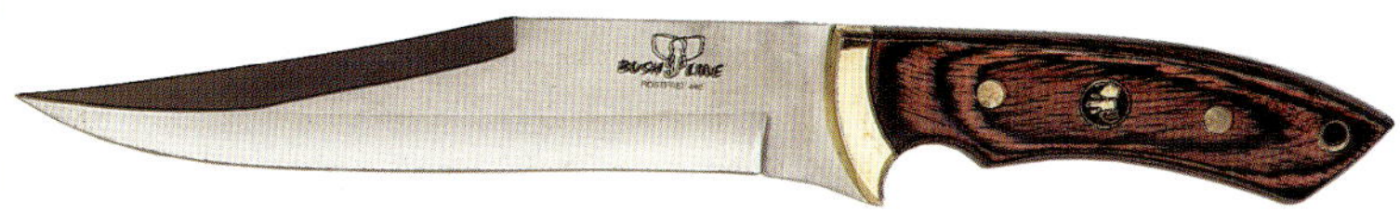

Bush-Hirschfänger

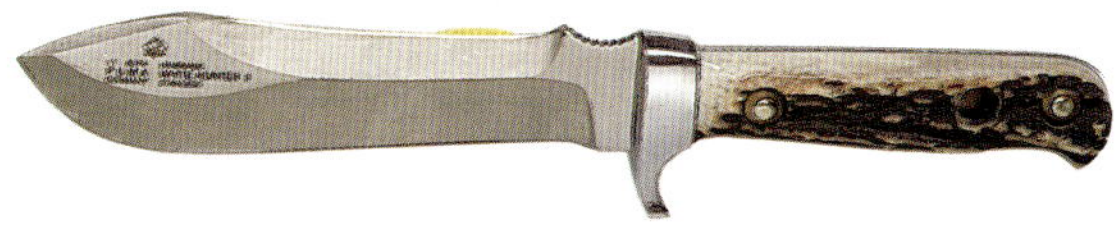

Puma-Waidblatt

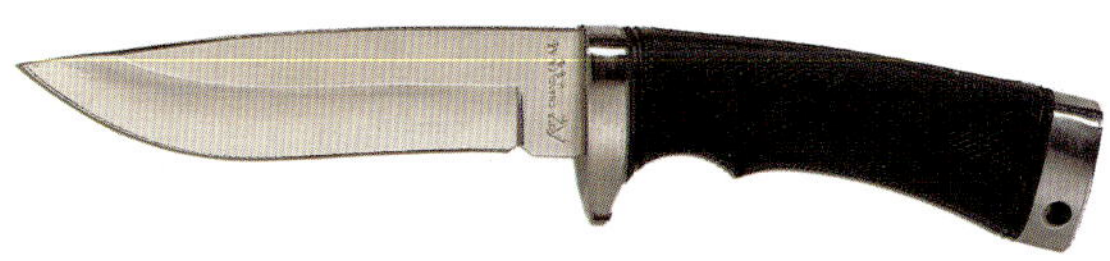

Buck-Waidblatt

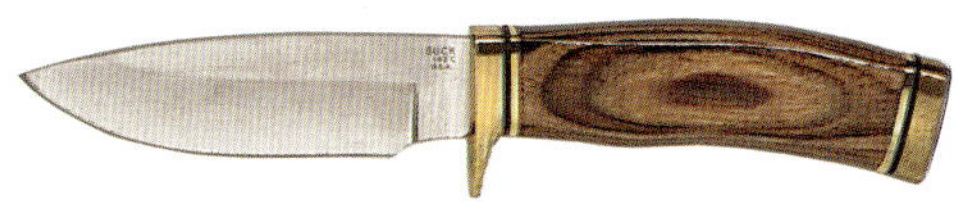

Buck-Waidblatt

Der abgegebene Stoß sollte sehr leicht von hinten, in die Schwachstelle der Schulter zwischen die Rippen des überraschten Tieres abgegeben werden, wobei es kraftvoll nach unten gezogen wird. Die massive Blutung führt den sofortigen Tod herbei.

Das skandinavische Kunsthandwerk bietet schöne Messer mit »Rasierklingen« und Griffen aus Nussbaum- und Birkenholz oder Rentierknochen an. Viele von ihnen weisen aber dennoch einen Mangel auf: Sie haben eine zu weiche Klinge, was bedeutet, dass sie abrutschen können. Aus den Vereinigten Staaten kommen gute Messer der Marke Buck oder Frontier Man – sehr berühmt aber leider heute kaum mehr zu finden – oder das Kershaw-Messer. Sie weisen diesen Mangel nicht auf. In Frankreich bietet der Hersteller Thiers ausgezeichnete Hirschfänger, die teilweise äußerst kunstvoll gearbeitet sind. Ein Tipp: Einen originellen Jagddolch mit klappbarer Klinge, der in geöffnetem Zustand wie ein Hirschfänger eingesetzt wird, gibt es von Begon. Nicht zu vergessen sind die Modelle des Franzosen Jean Tanazacq, denn sie sind einfach unverwüstlich. In Deutschland gehört das White Hunter von Puma zu den besten Waidmessern.

Waidblätter

Diese Messer erfüllen zwei Funktionen: das Ausweiden und Aufschlagen. Messer mit gebogener Klinge und abgerundeter Spitze werden zum Ausweiden und zum Aus-der-Decke-Schlagen verwendet. Die Klinge sollte gebogen und scharf wie ein Rasiermesser sein. Die Amerikaner verstehen sich besonders gut auf die Herstellung dieser Messer, Marken wie Katz und Kershaw sind hier als Beispiel zu nennen. Die kleinen finnischen Messer eignen sich auch sehr gut und besitzen zusätzlich noch handliches Schleifwerkzeug.

Auch Puma bietet zwei sehr gute – aber teure – Messer an: ein kleines Nicker-Messer mit einer 10,5 Zentimeter langen Klinge zum Ausweiden und eine Art großen und sehr schweren Hirschfänger mit 22 Zentimeter langer Klinge zum Aufschlagen. Mit diesem Werkzeug wird man mühelos jedes Reh vom Schloss entlang der Wirbelsäule aufbrechen können.

Ein Nicker oder Strimer mit sehr scharfer Klinge ist zwar sehr nützlich beim Ausweiden, viele Jäger verwenden jedoch für das eigentliche Aufbrechen lieber eine Knochensäge, insbesondere, um den Wildkörper in zwei Teile zu teilen. Diese Methode ist in der Regel schneller und genauer.

Jagdmesser bilden, wie man sehen kann, eine Welt für sich und ihre Funktionen sind so vielfältig, dass man sich eine ganze Kollektion anschaffen könnte, um seine Ansprüche zu befriedigen!

Bei kleinerem Geldbeutel reichen zwei Grundwerkzeuge aus: der Hirschfänger zum Abfangen des kranken Tieres und ein kleines multifunktionales Klappmesser. Für das Aufbrechen ist ein Waidbesteck zu vernünftigem Preis bereits völlig ausreichend. Neuerdings werden Aufbrechwerkzeuge angeboten, die ein Verletzen des Magens unmöglich machen.

REZEPTE

Die Gefühle, die Rehe bei einem Jäger hervorrufen, sind zwar anders als bei Wildschweinen, aber mindestens genauso intensiv. Liebhaber, Experten und Puristen des Rehwildes werden auf den vorangegangenen Seiten möglicherweise nicht viel Neues erfahren haben. Wenn aber ein Schwarzwildjäger hier und da eine Entdeckung gemacht hat, so ist dies um so erfreulicher.

Jagen hat heutzutage zum Glück nichts mehr mit reiner Nahrungsbeschaffung zu tun, aber was wäre sie ohne die Kameradschaft beim Schüsseltreiben. Die Küche, in der die köstlichen Wildrezepte zubereitet werden, ist sozusagen die logische Erweiterung des Jagdreviers.

In der Küche

Manch ein Jäger, der von waidmännischer Literatur nur die Speisekarten der Restaurants studiert hat, kennt vom Reh lediglich die Keule mit Jägersauce. Diese Bildungslücke soll nun geschlossen werden. Unser bescheidener Beitrag lässt uns dabei nicht vergessen, dass wir auch Gourmets sind, was wohl in der Natur des Menschen liegt.

Wenn es also stimmt, dass die Jagd heute nicht mehr der reinen Nahrungsbeschaffung dient, was manchmal zu bedauern ist, sollten wir doch auch nicht zu scheinheilig sein. Schließlich gehen wir bestimmt nicht nur der frischen Luft, der Hunde und des Wildes wegen auf die Jagd! Sicher, auch das ist eine starke Motivation, aber es ist doch genauso angenehm, gemeinsam mit Freunden nach der Jagd ein gutes, rotes Stück Wildpret zu genießen. Die Geselligkeit wird ebenso geschätzt wie die Streckenlisten. Was für wunderbare Stunden können das sein, wenn die Ereignisse einer erfolgreichen Jagd an einer großen Tafel noch einmal lebendig werden, eingehüllt in die wohlriechenden Aromen des Rehpfeffers oder Bratens!

Ein leichtes Schmunzeln kann sich der Jäger wohl nicht verkneifen, wenn er die armen »Nicht-Jäger« bedauert, die glauben, da liege wirklich richtiges Wildfleisch im Tiefkühlregal

Einfach und dennoch raffiniert: Gebratene Rehkeule

Gebratene Rehkeule

• Vorbereitungszeit: 40 Min. • Marinierzeit: 24 Std. • Garzeit: 50 Min.

Für 7 bis 8 Personen:

- 150 g dünne Speckscheiben
- 1 Rehkeule (mit Knochen), ca. 2 kg
- ½ l Marinade (s. unten rechts)
- Salz
- gemahlener Pfeffer
- 1 Schälchen Sauce poivrade (s. S. 139)

1. Die Speckscheiben mit Hilfe einer Spicknadel in das Fleisch spicken. Dadurch wird es nach dem Garen zart bleiben. Die Keule auf einen tiefen Teller legen.
2. Marinade zubereiten, über die Keule gießen und 24 Stunden kalt stellen. Die Keule sollte während des Marinierens mehrmals gewendet werden.
3. Backofen auf 250 °C vorheizen.
4. Keule abtropfen lassen, trockentupfen, salzen und pfeffern. Marinade aufheben. Keule 50 Minuten in den heißen Ofen auf den Grill legen. Darunter eine Auffangschale stellen. Nach der Hälfte der Garzeit, sollte die Keule gewendet und ein Glas Wasser in die Schale gegossen werden.
5. Gebratene Keule aus dem Ofen nehmen und aufschneiden. Scheiben auf einem vorgewärmten Servierteller anrichten. Bratensatz mit ein wenig Marinade von der Schale lösen und den Saft in die Sauce poivrade geben.
6. Keule zusammen mit der Sauce servieren.

des Supermarkts. Natürlich stammt das Fleisch, das sie von dort mitnehmen, vom Reh. Obwohl keiner so recht weiß, woher es kommt (Achten Sie also auf das Etikett). Es ist aber sicherlich kein Wild nach waidmännischem Maßstab.

Wir haben nicht die Absicht, Ihnen völlig neue Rezepte vorzustellen. Eine Rehleber, in Würfel geschnitten, in heißem Fett gut angebraten und mit einem Schuss altem Weinessig abgelöscht, wird Ihnen bestimmt schmecken. Geben Sie sie noch heiß auf einige Endiviensalatblätter, die auch mit knackigem Rapunzelsalat vermischt sein können. Darüber träufeln Sie noch etwas Olivenöl.

Wenn Sie Zeit haben, sollten Sie folgendes Rezept versuchen, das von den Bergleuten aus Morvan stammt. Es mag ein bisschen an die Wilderer von früher erinnern, die die Rehkeule auch in einem »Loch« zubereiteten, und zwar an der Stelle des noch heißen Kohlenmeilers. Sie brauchen dafür nur eine gute Schaufel. Graben sie in die trockene Erde eine Loch von 60 bis 70 Zentimeter Tiefe, gerade breit genug, dass eine Keule hineinpasst. Sie sollte einfach nur gesalzen sein und mit ein paar Speckscheiben umwickelt werden (warum nicht vom Wildschwein?).

Auf den Boden des Loches kommt eine etwa zehn Zentimeter dicke Schicht Kohlenglut, die einige Zentimeter dick mit Erde bedeckt wird.

Das Fleisch wird hineingelegt und eben-

Reh mit Sauce poivrade

Marinade

• Vorbereitungszeit: 15 Min.

Für 4 Personen:

- 1 Möhre
- 2 Zwiebeln
- 1 Staudensellerie
- 150 ml Weinessig
- 1 Kräutersträußchen
- 150 ml Olivenöl
- 12 Wacholderbeeren
- 1 Flasche Rotwein
- 12 Pfefferkörner

Marinaden dienen dazu, Fleisch- und Wildpretsorten vor dem Garen mit bestimmen Aromen zu durchtränken und das Fleisch weich zu machen. Wenn sie passiert werden, können sie zur Saucenverfeinerung verwendet werden.

1. Möhre und Zwiebeln schälen und klein hacken. Sellerie säubern und in Stücke schneiden.
2. Alle Zutaten in einem großen tiefen Teller (kein Metall) vermischen.
3. Keule darauf legen und gut mit der Flüssigkeit bedecken.
4. Fleisch (oder Wildpret) 8 bis 24 Stunden marinieren lassen, dabei gelegentlich wenden.
5. Marinierte, fertig gegarte Reh-Medaillons auf eine vorgewärmte Servierplatte geben und mit heißer Heidelbeersauce servieren.

Einfach köstlich: Rehfilet Mignon

falls mit einer dünnen Erdschicht bedeckt (drei bis vier Zentimeter), auf die wiederum eine dicke Glutschicht gegeben wird. Dieser Ofen wird zum Schluss ganz mit Erde zugedeckt und dann 24 Stunden in Ruhe gelassen, jedoch gut bewacht. Danach müssen Sie das Fleisch nur noch aus der Erde graben, eine gute Flasche schweren Rotweins öffnen und das Messer am Hosenbein abwischen. Guten Appetit!

Diese Zubereitungsart mag vielleicht über die übliche Verwertung von Wildpret hinaus gehen, und Sie sollten Ihrem Arzt lieber nichts davon sagen. Es könnte ihn beunruhigen. Die scharfe Säure und die Harnsäure, die sich im Laufe eines Lebens im Körper des Bockes ansammelt, werden seine Haare zu Berge stehen lassen.

Sauce poivrade

• **Vorbereitungszeit: 10 Min.** • **Garzeit: 50 Min.**

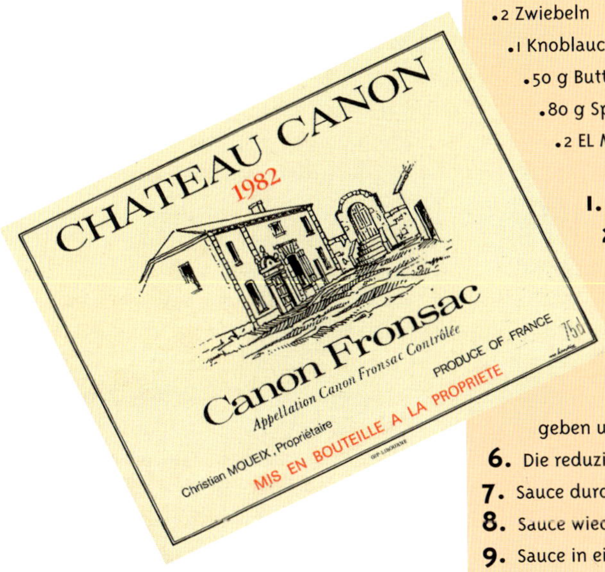

Für 4 Personen:

- 1 Möhre
- 2 Zwiebeln
- 1 Knoblauchzehe
- 50 g Butter
- 80 g Speckscheiben
- 2 EL Mehl
- 500 ml dunkler Kalbsfond (konzentriert oder verdünnt)
- 1 Kräutersträußchen
- 4 Schalotten
- 1 Glas Weißwein
- Salz, zerstoßener Pfeffer
- 2 EL Cognac

1. Möhre, Zwiebeln und Knoblauchzehe schälen. Möhre und Zwiebel klein schneiden.

2. Die Hälfte der Butter mit dem gehackten Gemüse in einem Topf erhitzen. Umrühren, dann Speckscheiben zufügen und auslassen.

3. Mehl darüber streuen und alles vermischen. 2 bis 3 Minuten garen lassen.

4. Kalbsfond zufügen. Rühren, bis die Flüssigkeit eindickt. Zerdrückte Knoblauchzehe und Kräuter zufügen und bei geringer Hitze 20 Minuten köcheln lassen.

5. Schalotten schälen und klein hacken, zusammen mit dem Weißwein in einen anderen Topf geben und bei geringer Hitze um die Hälfte reduzieren lassen.

6. Die reduzierte Flüssigkeit in die Sauce geben. Salz und Pfeffer zufügen und 12 bis 15 Minuten garen.

7. Sauce durch ein feines Sieb passieren.

8. Sauce wieder erhitzen und restliche Butter stückchenweise zufügen, dann den Cognac.

9. Sauce in einer vorgewärmten Sauciere servieren.

Reh-Nüsslein mit Heidelbeersauce

• **Vorbereitungszeit: 10 Min.** • **Garzeit: 15 Min.**

Für 4 Personen:

- 500 g frische Heidelbeeren (oder aus der Dose)
- 200 g Puderzucker
- 1 TL Speisestärke
- 8 Rehmedaillons
- Salz, gemahlener Pfeffer
- 50 g Butter

1. Für die Heidelbeersauce die Heidelbeeren mit 2 Gläsern Wasser in einen Topf geben. 4 bis 5 Minuten köcheln lassen, bis sich die Beeren öffnen.

2. Durch ein Sieb streichen und Zucker zugeben. Speisestärke und 2 EL kaltes Wasser verrühren und zu der Heidelbeermischung geben. Das Ganze unter Rühren erhitzen, bis die Flüssigkeit eindickt.

3. Rehmedaillons salzen und pfeffern.

4. Butter in einer Pfanne schmelzen. Die Medaillons bei starker Hitze 3 bis 4 Minuten von jeder Seite braten.

5. Die fertigen Reh-Nüsslein auf eine vorgewärmte Servierplatte geben und mit der Heidelbeersauce servieren.

Glossar

abfangen: Wild mit der blanken Waffe erlegen.
abkommen von der Fährte: Die Meute verliert die Fährte des bejagten Tieres.
abwerfen: Kopfschmuck abstoßen.
Abwurfstange: abgeworfene Gehörnstange.
äsen: Nahrung aufnehmen.
Äsungsfläche: alle Flächen mit vom Wild geästen Pflanzen.
Augsprosse: das untere Ende des Geweihs unmittelbar über der Rose.
Bast: Bildungsgewebe, das während des Wachstums das Gehörn einhüllt.
Biotop: geografischer Raum, der konstante Lebensbedingungen bietet.
Bischofsmütze: bildhafte Bezeichnung für Perückengeweih.
Blättermagen: Magenkammer des Rehs.
Blattzeit: Brunftzeit des Rehwildes.
Bock: männliches Reh.
Bruch: durch den Hundeführer abgebrochener Zweig zur Markierung des Ort des Einwechselns.
Cerviden: wiederkäuende Säugetiere, die ihr Geweih abwerfen.
Decke: behaarte Haut bei Schalenwild.
drücken (sich): Wild drückt sich, wenn es sich reglos an den Boden schmiegt, um der Aufmerksamkeit von Feinden zu entgehen.
durchrinnen: Ein Reh begib sich ins Wasser, um den Hunden zu entkommen.
eingejagt: Hunde sind eingejagt, wenn sie häufig miteinander eine bestimmte Wildart gejagt haben.
Einwechsel: die Stelle, an der das Wild in ein Revier oder eine Dickung hineingezogen ist.
Ende: Verzweigung am Geweih, auch Sprosse.
falsche Spur: Die Meute nimmt die Fährte eines anderen Tieres an.
fegen: Abreiben des Bastes von den Geweihen und Rehgehörnen an Bäumen und Sträuchern.
Fegestelle: abgeriebene Rinde junger Bäume.
Furchen: rillenförmige Vertiefungen an der Oberfläche von Geweihen; sie entsprechen dem Verlauf der größeren Blutgefäße im Bast während des Geweihaufbaus.
Geäfter: das kleine Schalenpaar am Lauf oberhalb der eigentlichen Schalen.
Gehörnbildung: erneutes Schieben des Gehörns nach vorherigem Abwurf.
Geiß: weibliches Reh.
genossen machen: Belohnen des Hundes nach erfolgreicher Jagd.
Geweih (Gehörn): Knochenbildungen bei Cerviden.
Haube: Netzmagen bei Wiederkäuern.
heraustreten: Herauskommen aus einer Dickung.
Hetzjagd: Jagdart mit Laufhunden.
hinter sich lassen: Wenn ein bejagtes Tier einen gleichmäßigen Vorsprung vor seinen Verfolgern hat, lässt es z. B. die Meute hinter sich.
Kitzbock: männliches Rehkitz mit Erstlingsgeweih.
Labmagen: Magenkammer des Rehs.
Laufbürste: Haarbüschel am Lauf des Rehs, das dort befindliche Drüsen abdeckt.
Losung: Kot des Rehs.
Östrus: Fruchtbarkeitsperiode.
Pansen: die größte Magenkammer beim Reh.
Perlung: körnige Unebenheiten an der Oberfläche von Geweihstangen.
Perücke: Abnormität des Gehörns infolge einer hormonellen Störung.
Pilzgeschoss: Munition, die sich beim Auftreffen deformiert, wodurch ihr Geschossquerschnitt vergrößert wird.
Pirsch: leise Jagdart.
Plätzstellen: Schlag- und Fegestellen am gleichen Platz.
Revier: ein Bereich des Territoriums innerhalb des bewohnbaren Lebensraumes, der gegen Angehörige derselben Art verteidigt wird und durch Anbringung bestimmter Markierungen gekennzeichnet ist.
Rose: am Gehörn der kranzförmig verbreiterte Sockel, mit dem die Gehörnstange auf dem Stirnzapfen aufsitzt.
Rosenstock: knöcherner Stirnzapfen, auf dem die Geweihstange sitzt.
Rückwechsel: vgl. Widergang. Wenn ein Stück Wild hinter den Treibern auswechselt.
Schalen: Klauen der Paarhufer.
Schlagstelle: Zeichen des Rehbockes durch Wegschlagen kleiner Stellen des Bodenüberzugs mit den Vorderläufen
schmälen: Lautäußerung des Rehwildes.
Spiegel: das heller gefärbte Haar um Wedel und Weidloch beim Reh.
Spieß: Erstlingsgehörn des Rehs.
Sprosse: Verzweigung am Geweih des Hirsches oder Rehs.
Standlaut – Standlaut geben: Laut von Jagdhunden, die gestelltes Wild verbellen.
Stange: die Hälfte eines Geweihs oder Gehörns.
stellen: Ein Jagdhund stellt Wild, wenn er es an der weiteren Flucht hindert.
Territorium: Gebiet innerhalb des für die betreffende Tierart bewohnbaren Lebensraumes.
Testosteron: männliches Geschlechtshormon, das über das Geschröt abgesondert wird.
Trittsiegel: Abdruck eines einzelnen Laufes.
Trophäe: Geweih mit einem Teil des Schädels.
vorstehen: Der Vorstehhund verharrt in Lauerstellung, wenn er Wildwitterung aufnimmt.
Widergang: Wild macht einen Widergang, wenn es auf seiner eigenen Spur bzw. Fährte ein Stück zurückwechselt.
Wildart: Gesamtheit aller Tiere, die die gleichen Wesensmerkmale aufweisen und sich untereinander fortpflanzen können.
Wildpret: Fleisch des Nutzwildes.

Register

Register

Bibliografie

v. Bayern, A. und J., *Über Rehe in einem Steierischen Gebirgsrevier*, München.
Hespeler, B., *Rehwild heute. Biologie, Lebensweise, Jagd*, München.
Das Kosmos Jagd- und Forstlexikon.
Nüßlein, F., *Das praktische Handbuch der Jagdkunde*, München.
Osgyan, W., *Rehwild-Report*, Nimrod Verlag.
Stubbe, C., *Rehwild. Biologie – Ökologie – Bewirtschaftung*, Berlin.
Ueckermann, E., *Der Rehwildabschuß*, Berlin.

Jagdzeitschriften

die Pirsch. Magazin für Jagd · Wild · Natur, BLV Verlagsgesellschaft mbH.
Jäger. Zeitschrift für das Jagdrevier, Jahr-Verlag GmbH & Co.
Deutsche Jagd-Zeitung. Der Spiegel der Jagd. Paul Parey Zeitschriftenverlag GmbH & Co. KG.
Jagen weltweit, Paul Parey Zeitschriftenverlag GmbH & Co. KG.
Wild und Hund, Paul Parey Zeitschriftenverlag GmbH & Co. KG.

In der Könemann Verlagsgesellschaft mbH sind außerdem zum Thema »Jagd« erschienen:

Blüchel, K. G., *Die Jagd*, 3. überarb. Auflage, Köln 1999.
Cortay, G./Durantel, P. und andere, *Die Jagd in Europa und Nordamerika*, Köln 2000.
Durantel, P., *Jagd – Das Wild in seiner Umgebung*, Köln 1999.
Durantel, P., *Jagd & Hege des Wildes*, Köln 2000.
Joly, E., *Freizeit & Natur: Jagd. Wildkaninchen*, Köln 2001.
Rossignol, C./Caccivio, A., *Jagdhunde. Anschaffung, Rassen, Jagdpraxis*, Köln 1999.

Weitere Titel der Reihe »Illustrierte Jagdbibliothek«:
Cabanau, L., *Wildschwein*, Köln 2001.
Pacella, G., *Wasserwild*, Köln 2001.

Bildnachweis

André/NATURE: S. 138 o – **Angibault:** S. 21, 23 u, 31, 61 u – **Barrière/NATURE:** S. 28 ru, 56 u, 58, 59 u, 94 M, 96 – **Berthoule/NATURE:** S. 12–13, 51 M, 136, 137 u,138 u – **Buttin/NATURE:** S. 5 o, 20–21, 32, 33, 35 lu, 39 u, 43 r, 43 u, 44, 49 Mr, 51 u, 52 M, 53 o, 54, 57, 64–65, 67 o, 68, 69, 72 u, 73, 76, 78 o, 78 u, 79, 85 o, 85 u, 86, 87, 88–89, 90, 91, 104, 114, 118, 122, 123 – **Chaumeton/NATURE:** S. 39 M, 41 o, 41 M – **COREL:** S. 138 u – **Couderc/NATURE:** S. 18 – **Damperat:** S. 112 – **Durantel:** S. 52 u, 53 u, 60 u – **Durantel/NATURE:** S. 51 o, 55 u, 60 M, 61 ro, 70 o, 71, 72, 75, 80 – **Ferrero/NATURE:** S. 103 o – **Français/COGIS:** S. 101 u, 105 o, 105 u, 106, 108 o, 108 u, 109 – **Le Gall/NATURE:** S. 30 u – **Hespeler:** S. 77 o, 107 o – **Koch:** S. 97 – **Krasnodebski/NATURE:** S. 17, 20, 24, 37 u, 38 o, 47 ro, 49 u, 59 o, 70 u – **Labat/COGIS:** S. 99 – **Lanceau/NATURE:** S. 5 M, 30 o, 36 u, 38 u, 48–49, 56 o, 139 u – **Lange/OKAPIA:** S. 77 u – **LOSANGE:** S. 28 lo, 28 Ml, 28 lu, 134, 137 M, 139 M – **Marek:** S. 107 u – **Markmann/OKAPIA:** S. 62 – **Maublanc:** S. 23 o, 23 Mr, 29 – **Mayet/NATURE:** S. 42 lu, 52 o,74 – **NATURE:** S. 5 l, 47 ol, 124, 125, 126, 127, 128, 131, 132 – **Nicaise/COGIS:** S. 98 – **OKAPIA:** S. 92 – **Pasquet/NATURE:** S. 55 o, 82–83, 116, 117, 119 u, 119 o, 120 r, 120 o, 120 u, 121 u, 121 o, 129 l, 129 M, 129 r, 130 o, 130 Ml, 130 u – **Polking/NATURE:** S. 10 – **Reinhard/OKAPIA:** S. 73 o, 81 – **Rossignol:** S. 94 o, 100, 101 o, 102, 103 u, 111, 113 o, 113 u – **Sauer/NATURE:** S. 19, 27 ro, 40 – **Siegel/NATURE:** S. 6, 12, 14, 15, 16, 26, 27 o, 27 lu, 35 ro, 37 o, 46, 47 lo, 47 u, 48 l, 50, 66 – **Valet:** 38 M, 42 Mr – **Varin/COGIS:** 4 o

Zeichnungen: Yann Monfrère.